WIR SIND DIE MITTE

Für dieses Buch recherchiere ich seit Jahren. Mir ist aufgefallen, dass die Mittelschicht in Deutschland und auch in anderen europäischen Ländern immer kleiner wird. Es immer schwieriger wird für die Menschen dieser Schicht. In den sechziger Jahren konnte ein Familienvater aus der Mittelschicht eine vierköpfige Familie mit seinem einzigen Gehalt ernähren, es war sogar in der Regel noch ein gemeinsamer Familienurlaub im Jahr drin. Meistens blieb die Mutter Zuhause und kümmerte sich um die Kinder. Das war damals eher Regel als Ausnahme. Inzwischen hat sich vieles geändert. Heute ist die berufstätige Ehefrau und Mutter Regel und es geht auch kaum anders. Ein

Gehalt reicht nicht aus um vier Personen zu ernähren und für eine vernünftige Schulausbildung zu sorgen.

MITTELSCHICHT

Unter dem Sammelbegriff Mittelschicht werden in der Soziologie diejenigen Bevölkerungsgruppen bezeichnet, die sich in Bezug auf ihr Einkommen bzw. ihren Besitz weder der vermögenden Oberschicht noch der besitzlosen und einkommensschwachen Unterschicht zuordnen lassen.

Geschichte

Entstanden ist dieser Begriff ursprünglich in Abgrenzung zur Theorie der Zwei-Klassen-Gesellschaft. Es sollte hervorgehoben werden, dass es eine Bevölkerungsschicht gibt, die weder den

Kapitalisten noch dem Proletariat zuzurechnen ist.

Statistik

Bezogen auf einen Einpersonenhaushalt definiert das Deutsche Institut für Wirtschaftsforschung (DIW) statistisch als „Mittelschicht" die Bevölkerungsgruppe mit einem Nettoeinkommen zwischen 70 und 150 Prozent des Medians der privaten Haushaltsrealeinkommen. Im Jahre 2006 lag dieser Einkommensmedian knapp über 16.000 Euro.

Haushalte mit einem Einkommen zwischen 90 bis 110 Prozent des Medians werden als „Durchschnittsverdiener" bezeichnet.

Verwirrung entsteht dadurch, dass die Grenzen nach oben und unten von verschiedenen Institutionen unterschiedlich definiert werden. Die Europäische Union nennt als untere Grenze 60%, die WHO sogar 50% des Durchschnittsmedians des Heimatlandes. Für die obere Grenze wird von Ernst-Ulrich Huster alternativ ein Wert von 200% vorgeschlagen.

Der Begriff Mittelschicht kommt aus der Soziologie. Dabei handelt es sich um die Schicht die weder zur vermögenden Oberschicht, noch zur unvermögenden Unterschicht gehört. Oft wird unterschieden in untere, mittlere und obere Mittelschicht. In Frankreich nennt man die Mittelschicht die Bourgeoisie – das Bürgertum. Mit der Schicht wollte man deutlich machen, dass es eine Abgrenzung gibt zwischen Ober- und Unterschicht, weder Kapitalisten, noch

Proletariat. Die Mittelschicht wird von Politik und Wirtschaft als tragende und gesellschaftliche Kraft angesehen. Zur Zeit wird darüber diskutiert, ob die Mittelschicht gefährdet ist, aufgrund der Einkommenspolarisierung, die weltweit zu wachsender sozialer Ungerechtigkeit führt.

..Die Realwirtschaft zeigt sich damit insgesamt recht
Krise im Finanzsektor", so DIW-Konjunkturexperte S
von den andauernden Turbulenzen auf den Finanzmä
weiteren konjunkturellen Verlauf aus. Diese liegen f
einer Kreditverknappung für den Nichtbankensektor al
der Konsumenten und Investoren über die weitere
wichtigen Partnerländern. Bislang haben die komfo
durch die günstige Gewinnentwicklung der letzten J
Unternehmen deren Widerstandsfähigkeit gekräftig
„Teflon-Ökonomie", sondern wie jede moderne Vol

Finanzmärkte angewiesen. Die Bereinigung der Ve

Normalität sind daher dringend geboten, um

abzuwenden", so Kooths.

Laut dem Deutschen Institut für Wirtschaftsforschung gäbe es in Deutschland ein Risiko für den weiteren konjunkturellen Verlauf der Realwirtschaft. Die Konsumenten und Investoren seien über die derzeitige Entwicklung verunsichert. Die Bereinigung der Vertrauenskrise und die Rückkehr zur Normalität seien dringend geboten, um Schaden von der Realwirtschaft abzulenken, so der Konjunkturexperte Stefan Kooths. (Quelle DIW)

Laut einer Umfrage des Allensbacher Institut hat 72 Prozent der Bürger Angst vor einem sozialen Abstieg, beunruhigt weil die Stellen nicht sicher sind.

78 Prozent der Bevölkerung findet das deutsche Steuersystem ungerecht, 77 Prozent der Bevölkerung ist der Meinung das Steuerhinterziehung weit verbreitet sei, so eine Studie des Allensbacher Instituts aus dem Jahre 2008.

55 Prozent der Bevölkerung hätte gern die DM zurück, so eine Studie des Allensbacher Insituts aus dem Jahre 2007. (Quelle: Allensbacher Institut)

Nach Berechnungen des Bundes der Steuerzahler hat der Staat die Mittelschicht in den vergangenen Jahren bei der Steuer stark belastet.

Ein Lediger zahlt heute ab einem Jahreseinkommen von 52.152 den

Höchstsatz von 42 Prozent an den Staat. Schon wer knapp 1,8 Mal soviel verdient wie der Durchschnitt zählt damit heute für den Staat zu den Reichen. Im Jahr 1958 griff der Spitzensteuersatz erst für diejenigen die 20 Mal mehr verdienten als der Durchschnitt. (Quelle: Bund der Steuerzahler)

Jeder zusätzlich verdiente Euro wird ab einer bestimmten Kurve vergleichsweise höher besteuert – das ist der sogenannte Knick in der Steuerkurve. „Viele fragen sich daher, ob es sich überhaupt lohnt, mehr zu leisten, um mehr zu verdienen" so Ulrike Beland vom Deutschen Industrie und Handelskammertag (DIHK).

Darüber hinaus schlägt die kalte Progression zu „Die Mittelschicht gehört damit zu den Verlierern". „Viele Bürger geraten in höhere Zonen des Einkommensteuertarifs, ohne dass sie tatsächlich mehr verdienen. Nimmt die gesamte Lohnsumme der Volkswirtschaft nämlich um ein Prozent zu, müssen die Menschen 1,9 Prozent mehr Lohnsteuer zahlen. Steigen die Einkommen in Höhe der Inflationsrate und bleiben also real gleich, dann bleibt dem Steuerzahler netto also weniger.

Statistisch definiert das Deutsche Institut für Wirtschaftsforschung die Mittelschicht als die Bevölkerungsgruppe mit einem Nettoeinkommen zwischen 70 und 150 Prozent des Medians der privaten Haushaltsrealeinkommen, des sogenannten Durchschnittseinkommens. Im Jahre 2006 lag dieser

Einkommensmedian bei etwas über 16.000 Euro. Damit war er genauso hoch wie im Jahre 1999. Im Jahr 2003 lag er bei 17.000 Euro, er ist also im Laufe der Zeit wieder gefallen. Die Zahlen beziehen sich auf einen Einpersonenhaushalt. Alle weiteren Erwachsenen im Haushalt werden mit dem Faktor 0,5 und Kinder unter vierzehn Jahren mit dem Faktor 0,3 gewichtet. Das heißt der Median lag damit bei 33.600 Euro für eine Familie. Die Haushalte mit Einkommen zwischen 90 bis 110 Prozent dieses Medians werden als Durchschnittsverdiener bezeichnet. Die untere Grenze ist nicht klar definiert – die EU nennt als untere Grenze 60 Prozent, die WHO sogar nur 50 Prozent des Durchschnitts-Medians des jeweiligen Heimatlandes. Wer darunter liegt, gehört nicht mehr zur Mittelschicht. Die obere Grenze wird generell mit 200 Prozent vorgeschlagen. Wer also mit 200 Prozent darüber liegt, gehört dann nicht mehr zur Mittelschicht. Bei einem vier Personenhaushalt mit zwei Erwachsenen und zwei Kindern unter 14 Jahren liegt der Median bei 2800 Euro im Monat. Das heißt bei weniger als 1960 Euro Netto und mehr als 4200 Euro Netto im Monat gehört die Familie nicht zur Mittelschicht – statistisch gesehen.

In den achtziger Jahren umfasste die Mittelschicht in Deutschland rund 64 Prozent der Gesamtbevölkerung. Auch nach der Wiedervereinigung änderte sich daran vorerst nichts. 1992 war er dann bei 62 Prozent, etwa 49 Millionen Bürger. In den nächsten acht Jahren blieb der Wert stabil, seitdem ist er aber geschrumpft auf 54 Prozent der Gesamtbevölkerung. Die Mittelschicht nimmt prozentual also immer mehr ab. Es sind mehr Personen aus der Mittelschicht ab als in die Mittelschicht aufgestiegen, so das DIW. Von 2003 bis 2006 sind die Realeinkommen in Deutschland deutlich zurückgegangen. Insbesondere seien klassische Familienhaushalte betroffen, Eltern mit Kindern unter 16 Jahren. Mehr als drei Millionen Personen solcher Haushalte gehörten 2006 im Vergleich zu sechs Jahren vorher nicht mehr zur Mittelschicht. Vor allem die Durchschnittsverdiener nehmen immer mehr ab, also diejenigen, die ein Einkommen zwischen 90 und 110 Prozent des Median aufweisen. Dabei steigen mehr Personen ab als auf. Die unteren Schichten sind um sieben Prozent gestiegen, die oberen Schichten allerdings nur um zwei Prozent. Gleichzeitig sei das Einkommen der oberen Hälfte der Einkommensbezieher schneller gewachsen als das Einkommen der unteren Hälfte. Das bedeutet, die Einkommensungleichheit hat deutlich zugenommen.

„Stabil ist die Lage nur ganz unten" schreibt Spiegel Online. Laut der Studie des DIW habe es sich auch erschwert finanziell und sozial aufzusteigen.

Woran liegt dass ?

Laut DIW sei vor allem die Hartz IV Reform Schuld am Schrumpfen der Mittelschicht – das Risiko der Arbeitslosigkeit habe zugenommen und die Dauer der Arbeitslosigkeit sei länger geworden, die Höhe der Lohnersatzleistungen durch die Einführung von Arbeitslosengeld II im Vergleich zur Arbeitslosenhilfe sei geringer. Allerdings habe sich auch die Struktur der Erwerbstätigen verändert. Im Jahr 2000 gingen fast 64 Prozent einer abhängigen Vollbeschäftigung nach, 2006 seien es 55 Prozent, viele seien in Teilzeit- oder geringfügiger Beschäftigung abgerutscht.

Die persönlichen wirtschaftlichen Zukunftsaussichten sind schlechter geworden. In den achtziger Jahren machten sich vierzig Prozent keine Sorgen, in den 90er Jahren waren es 30 Prozent und 2oo6 waren es nur noch 23 Prozent.

Nach Angaben der Bundeszentrale für politische Bildung galten im jahr 2011

16,1 Prozent der Bevölkerung als Armutsgefährdet. Wir die Umverteilungswirkung der Sozialleistungen nicht berücksichtigt, so steigt das Risiko auf 24,3 Prozent. Zwei Erwachsene mit zwei Kindern sind demnach Armutsgefährdet, wenn sie, staatliche Leistungen mit einbezogen, weniger als 24.690 Euro im Jahr zur Verfügung haben. Arbeitslosigkeit Alleinerziehend und Frau sind dabei die größten Risikofaktoren, so die Bundeszentrale für politische Bildung. Gleichzeitig erhöht sich das Risiko mit der Zahl der Kinder: je mehr Kinder, je höher das Armutsrisiko. Und: wer arm ist, kommt da nur schwer wieder raus. Die Langzeitarmut hat zugenommen. Und das obwohl es gleichzeitig einen Beschäftigungsrekord gibt. Dabei driften

Arm und Reich immer mehr auseinander: „Die ärmsten 20 Prozent der Bevölkerung verfügten 2011 nur über neun Prozent des monatlichen Gesamteinkommens. Die reichsten 20 Prozent hingegen hatten fast 37 Prozent davon zur Verfügung." (Quelle: Süddeutsche DE, 26.November 2013, Aufgrund der Zahlen des statistischen Bundesamtes).

Parallel zur Entwicklung der objektiven Einkommenslage zeigt sich eine deutliche Veränderung der subjektiven Wahrnehmung der Bevölkerung: über alle Einkommensschichten hinweg ist festzustellen, dass die „Sorgen um die eigene wirtschaftliche Entwicklung" zugenommen haben.

Die Mittelschicht ist breit gefächert. Ich habe Menschen befragt die armutsgefährdet sind und welche, die sich überhaupt keine Sorgen machen, die einkommensstark sind mit einem Einkommen weit über dem des Median. Doch auch dies zeigt, wie wichtig eine Mittelschicht ist, eine die eine breite Tragfläche hat und die stark ist. So sind denn die Geschichten alle höchst unterschiedlich, von der Sorge um die Zukunft, aber auch vom Bildungsniveau. Industriearbeitsplätze sind vernichtet worden, Großkonzerne sind in Billiglohnländer abgewandert.

Nach einem Bericht des Instituts für Arbeit und Qualifikation der Uni Duisburg-Essen würden im Sozialbereich, der mit am Stärksten durch Kürzungen in den letzten Jahren betroffen war, inzwischen Monatsgehälter für Akademiker

(Sozialpädagogen usw.) von unter 1500 Euro brutto bezahlt." Das bestätigen meine Umfragen. Zum Beispiel auch Bibliothekarinnen, Berufsschullehrerinnen und Sozialarbeiter bekommen solche Gehälter.

Milliardengewinne - Milliardenunterstützung

Trotz Finanzmarktkrise haben die Unternehmen auch in den letzten Jahren wieder Rekordgewinne gemacht, gleichzeitig werden Banken und inzwischen Länder mit Milliarden aus Steuergeldern „gerettet". DAX

Unternehmen verbuchten im Jahr 2007 nach Steuerabzug 73,8 Milliarden Euro Profit. Wegen der Finanzmarktkrise und der Unsicherheit auf den Märkten gehen die Börsenkurse weltweit runter. 2007 verdiente ein Vorstandsvorsitzender eines mittelmäßigen DAX-Unternehmens 10.000 Euro am Tag. Wenn die Wirtschaft wächst, dann wachsen normalerweise auch die Löhne und die Gehälter der Angestellten. Doch das stimmt so nicht mehr. Zum Glück kam die weltweite Finanzkrise genau zum richtigen Zeitpunkt. Jetzt kann keiner mehr umhin einzusehen, dass gespart werden muss, dass die Löhne nicht weiter steigen können. Jetzt müssen wir alle gemeinsam den Gürtel enger schnallen um die Weltwirtschaft zu retten. Jeder der sein Erspartes nicht los ist, ist heilfroh und hält sich mit Kritik zurück. Eine Forderung nach mehr Lohn steht bei den meisten nicht an erster Stelle. Und die Sorge und Gefahr ist weiter gewachsen. Heute 2011 steht die Angst vor einer weltweiten Rezession im Vordergrund aller Entscheidungen, der Entscheidungen von Regierungen, aber auch von Privathaushalten. Viele halten sich zurück beim Konsum, die Zahl der Pleiten und Insolvenzen wird laut meinen Umfragen in den nächsten Monaten weiter steigen, vor allem im Mittelstand.

Spiegel Online „Einer der Stützpfeiler der sozialen Marktwirtschaft gerät ins Wanken. Ausgerechnet die Mittelschicht, die wie keine andere soziale Gruppe Deutschland nach dem Krieg geprägt hat, leidet unter akuter Auszehrung.“

Bild der Mittelschicht

Dieses Buch hat nicht den Anspruch ein politisch korrektes Bild der Mittelschicht zu liefern, vielmehr ist es eine Ansammlung individueller Erfahrungsberichte und Lebensgeschichten aus der sogenannten Mittelschicht. In diesem Buch kommen junge und ältere Menschen zu Wort. Mütter, Familienväter, Rentner, Witwen, Alleinerziehende und Berufstätige ohne Kinder. Facharbeiter, mittlere Angestellte und Akademiker. Alle gehören zur Mittelschicht, einige sind der Meinung, dass sie bereits abgestiegen sind oder eigentlich nicht mehr, oder noch nicht dazu gehören, aufgrund ihrer aktuellen finanziellen Lage. Außerdem wird versucht die Mittelschicht zu beschreiben. Was ist eigentlich die Mittelschicht ? Wer gehört dazu ? Wer ganz sicher nicht ? Gibt es eine finanzielle Abgrenzung nach oben oder unten – gehört Bildung mit dazu. Woran erkenne ich die Mittelschicht. Gibt es äußere Kriterien oder gar einen bestimmten Kleidungsstil ? Wird sie in Deutschland tatsächlich immer kleiner, steht unter Druck oder ist alles gar nicht so schlimm. Die Mittelschicht erzählt selbst, Politologen und Soziologen erklären das Phänomen der Mittelschicht – die tragende Säule unserer Gesellschaft und Wirtschaft. Es geht in diesem Buch nur um die Mitte, einzig und allein um die Mitte, ausgehend von dem Begriff der Mittelschicht. Deshalb werden auch keine Vergleiche mit der Ober- und Unterschicht angestellt, einzig und allein soll eine Ansammlung von Beispielen zeigen, wie die Mitte sich fühlt. Laut aktueller Studien soll die Mittelschicht in Deutschland immer dünner werden, das Risiko abzusteigen sei gewachsen und der Aufstieg von unten gelinge immer seltener. (Deutsches Institut für Wirtschaftsforschung DIW – Markus Grabka und Joachim Frick).

Zeit online 5.03.2008 „Lag vor acht Jahren der Anteil der Bevölkerung der mittelmäßig gut verdient hat, noch bei 62 Prozent, beträgt dieser heute nur noch 54 Prozent. Gleichzeitig wuchsen die Ränder der Gesellschaft um insgesamt 23 Prozent. Die Mitte der Gesellschaft schrumpft, die Ungleichheit wächst."

„Jahrzehntelang durften sich in Deutschland über 60 Prozent der Menschen zur Mittelschicht rechnen."

Der Soziologe Karl Martin Bollte verglich die deutsche Verteilung in den sechziger Jahren als eine dicke Knolle in der Mitte mit schmalen Enden. Bis zum Jahr 2000 blieb dieses Modell weitgehend stabil. „Seither verliert die Zwiebel Schale um Schale. Die Formel, dass wer in der Mittelschicht angekommen ist, dort auch sein Leben lang bleibt, gilt nicht mehr. Siemens, BMW, Nokia: Unternehmen die früher absolute Jobsicherheit boten, lösen mit ihren Konzernumbauten und Entlassungen heute Ängste und Verunsicherung aus." Und jetzt haben wir auch noch die weltweite Finanzkrise und Staatsverschuldung…..

ABSTIEG

Drei Gründe begünstigen den Abstieg:

Globalisierung heißt Konkurrenzdruck

Fachkräfte wurden gesucht, Löhne gehen in die Höhe, Firmen lagern aus in Billiglohnländer

Arbeitslosengeld II, Lohnersatzleistungen wurden gestrichen, der Abstieg in die unteren Einkommensschichten ging schneller.

Im Jahr 2000 waren 64 Prozent der Menschen in Deutschland Vollzeitbeschäftigt. Im Jahr 2006 waren es nur noch 55 Prozent – wie viel sind es 2007 und wie viele in den Jahren danach – trotz Anstieg der Arbeit können viele nicht davon leben. ?

Minijobs, Teilzeitkräfte, Zeitverträge, - auch die Mittelschicht arbeitet in solchen Jobs – einen Garantie auf Wohlstand gibt es nicht mehr.

Relative Armut liegt vor, wenn das Einkommen geringer ist als die Hälfte des Durchschnittseinkommens in dem betreffenden Land. Nach Angaben des statistischen Bundesamtes liegt die durchschnittliche Kaufkraft pro Haushalt bei 24.0876 Euro. Dabei handelt es sich nicht um ein Einkommen, sondern um das vorhandene Geld. Haben sie diesen Betrag zur Verfügung, dann gehören sie zur Mittelschicht, haben sie weniger (und das soll laut Statistik etwa 95 Prozent der Bevölkerung in Deutschland sein) dann gehören sie wohl nicht dazu. Haben sie oder ihren Haushalt in diesem Augenblick weniger als die Hälfte, also weniger als 12.000 Euro an Geld zur freien Verfügung, dann gelten sie als Arm.

Seit Ende der 1960er Jahre haben 95 Prozent der Bevölkerung permanent an absoluter Kaufkraft verloren, das heißt sie können immer weniger kaufen und das von Jahr zu Jahr.

Laut einer Studie des Beratungsunternehmens McKinsey soll es im Jahre 2020 keine breite Mittelschicht mehr geben. Weniger als 50 Prozent der Bevölkerung wird in der Lage sein, ein Durchschnittseinkommen zu erzielen. (Frank Mattern – Deutschland Chef von McKinsey). Und es könnte noch schlimmer kommen, denn das geringe Wirtschaftswachstum der vergangenen 15 Jahre ist noch weiter zurückgegangen und wird weiter zurückgehen. Es gibt zwei Szenarien. Bleibt das Land auf dem bisher eingeschlagenen Wachstumspfad, so könnten fast dreißig Prozent der Bürger mit ihrem Einkommen aus der sogenannten Mittelschicht herausfallen und damit den wirtschaftlichen Anschluss verlieren – handeln ist gefragt – doch was kann man machen – wo ist die Lösung ? Ein Ansatz wird in diesem Buch aufgezeigt.

SOZIALPOLITIK

„Sozialpolitik steht immer zwischen denen, die etwas bekommen und jenen, denen man dazu etwas nehmen muss."

..... „Die Belastung nach der Leistungskraft darf nicht nur danach fragen, ob am guten Schluss noch das

Existenzminimum verbleibt, sondern ob dem einzelnen genügend von seinem wirtschaftlichen Erfolg gelassen wird, um noch die Differenz als individuellen Erfolg sichtbar zu halten. Das klingt abstrakt, hat aber erhebliche praktische Konsequenzen, wenn man sich die kumulative Belastung von Leistungsträgern mit mittlerem Einkommen betrachtet, die immer wieder und typisierend für belastbar gehalten werden. Die Rede ist von Facharbeitern, Ingenieuren, Angestellten, kleinen Handwerkern, Lehrern, nur mittelmäßig verdienenden Ärzten oder Anwälten, kurz vom personellen Rückgrat unserer Volkswirtschaft, so Professor Dr. Udo Di Fabio in der Frankfurter Allgemeinen Zeitung am 28.Oktober 2006.

„Wenn sich Angehörige dieser Einkommensgruppe den „Luxus" einer Familie mit mehreren Kindern erlauben, stoßen sie auf einen verblüffenden Effekt. Ihr Einkommen ist regelmäßig zu hoch, um soziale Vergünstigungen zu erhalten, aber umgekehrt werden sie bei der Bemessung von Unterhaltspflichten und öffentlichen Abgaben kräftig in Anspruch genommen. Wer ohne Wohngeld und Eigenheimzulage angemessenen Wohnraum für eine fünfköpfige Familie sucht und dann der indirekten Besteuerung bei Heizkosten, Treibstoff und Bekleidung nicht ausweichen kann, für die legale Betreuung seiner Kinder in die Tasche greifen muss, um Beruf und Familie zu vereinbaren, die gestaffelte Gebühr für einen kommunalen Kindergarten als Gutverdiener begleichen muss

, später das Studium, den Auslandsaufenthalt und womöglich die Studiengebühren übernehmen soll, der könnte die Frage stellen, ob unser Sozialsystem wirklich hinreichend leistungsgerecht ausgestaltet ist."

Die Familie ist als Gemeinschaft ein genuiner Raum der Freiheit, in dem der Staat nichts verloren hat. Doch Artikel 6 Absatz 2 des Grundgesetzes weist dem Staat ungewöhnlich deutlich die Aufgabe zu, über die Wahrnehmung der Elternverantwortung zu wachen. Es entspricht weder dem Geist dieser Vorschrift noch dem sozialer Gerechtigkeit, wenn es unbekümmert hingenommen wird, dass Kinder in die

Grundschule eintreten, ohne dass sie ausreichende Kenntnis der Unterrichtssprache und der grundlegenden Orientierung in sozial angemessenen Verhaltensweisen hätten."

„Der Politik wird insofern nichts anderes bleiben, als mehr in den sogenannten humanen Nachwuchs zu investieren, das heißt Familienentlastungen, Erziehungsergänzungen, anspruchsvolle Schul- und Bildungspolitik.

„Augenfällig ist innerhalb der Einkommensmittelschicht die stark rückläufige Zahl der Personen in Familienhaushalten (mit Ausnahme der Alleinerziehenden). Besonders ausgeprägt ist der Rückgang bei den vollständigen Familien von Paaren mit minderjährigen Kindern bis zu 16 Jahren, von denen 2006 mehr als drei Millionen Personen weniger der Mittelschicht angehörten. Aber auch die Zahl der Personen in Mehrgenerationenhaushalten nahm um mehr als eine Million ab. Insgesamt geht das Schrumpfen der Mittelschicht also mit einem Rückgang der klassischen Familienhaushalte einher." (DIW 10/2008)

Auch die Zufriedenheit über das eigene Einkommen ist sehr unterschiedlich, in Prinzip gilt, je niedriger das Einkommen, je unzufriedener sind die Menschen mit ihrer eigenen Situation, das habe ich auch bei den Befragungen gemerkt, je höher das Einkommen, je zufriedener. Allerdings habe ich festgestellt, dass bei älteren Menschen, auch wenn das Einkommen niedriger ist, die Zufriedenheit höher ist, als bei jüngeren Menschen. Die älteren Menschen vergleichen oft mit der Situation in ihrer Jugend und finden jetzt vieles besser. Grundsätzlich gilt, dass bei allen Befragten eine gewisse Zukunftsangst zu spüren war. Manche reagierten darauf durchaus pessimistisch, andere wollten sich nicht unter kriegen lassen und blieben vorsichtig zuversichtlich. Viele machen sich Sorgen um ihre eigene wirtschaftliche Situation und das gilt für die gesamte Mittelschicht.

„Der Anteil der Menschen, die sich keine Sorgen machen, lag in den 80er Jahren noch über 40 Prozent, in den 90er Jahren in Gesamtdeutschland bei rund 30

Prozent und jüngst, also auch in den wachstumsstarken Jahren 2006 und 2007 bei rund 23 Prozent." (DIW 10/2008) Sogar die Mittelschicht macht sich Sorgen um ihre eigene Position und hat Angst davor abzusteigen und in die Unterschicht zu gelangen.

Die Personen der Mittelschicht

„Entgegen dem gesamtgesellschaftlichen Trend zu kleineren Haushalten blieb die Zahl der Alleinlebenden und der Paarhaushalte ohne Kinder (überwiegend Ehepaare in der nachelterlichen Phase) in der Einkommensmittelschicht nahezu konstant. Im Jahr 2006 waren Vertreter beider Haushaltstypen weitaus häufiger in den Extrempositionen der Einkommensverteilung zu finden als 1996, Alleinlebende häufiger in der armutsgefährdeten Schicht und Paare ohne Kinder häufiger unter den Einkommensstarken. (DIW, 10/2008)

Helene und Diethelm B. aus Duisburg. 70 und 72 Jahre alt, Rentner. Diethelm war Elektriker, Helene hat als Hausfrau und Mutter drei Kinder erzogen:

Diethelm: Wir gehören nicht zur Mittelschicht. Wir sind Arbeiter, wir gehören zur Unterschicht. Wir haben anderthalb Tausend Euro Netto.

Helene: Sogar als Rentner müssen wir viel zuzahlen zu jedem Medikament, wenn wir eins brauchen. Das Geld reicht einfach nicht aus. Die Miete wird erhöht, was soll man machen. Die Jugend arbeitet jetzt für uns. Die Mittelschicht verschwindet. Mein Mann war Elektriker, ich war Hausfrau und habe unsere drei Kinder großgezogen. Heute haben wir sechs Enkelkinder. Wer zur Mittelschicht gehört hat Kapital. Und Kapital haben wir nicht. Ich konnte für meine drei Kinder damals keine Pullover kaufen. Ich habe immer gestrickt. Wir müssen jetzt aufpassen, dass es nicht schlechter wird. Ich habe Angst, das, wenn ich noch älter werde, und ich ins Altersheim muss, sich dann keine Pflegekräfte mehr um mich kümmern können. Meine Kinder sagen zwar, dann kommst du zu uns, aber das möchte ich nicht.

Helene:

Das Leben wird teurer. Nicht nur Öl und Benzin. Alles wird teurer. Die Energiekosten haben sich verdoppelt in den letzten Jahren. Das teuerste was wir verkraften mussten, war für uns der Euro, damals wurde alles angehoben um hundert Prozent - von der DM auf den Euro. Das muss man erst Mal verkraften. Ich bin früher für zwanzig Mark einkaufen gegangen und der Wagen war voll. Das klappt heute nicht mehr. Wir rechnen noch alles um. Alles. Von Euro auf Mark. Wir würden gerne öfter außer Haus Essen, aber um ehrlich zu sein, ist uns das zu teuer. Ich koche dann lieber selbst. Von dem Geld für ein Essen, können wir den ganzen Tag leben. Essen gehen hätten wir uns auch früher als Familie nicht leisten können, das war immer zu teuer. Heute können wir zu zweit immerhin ab und zu essen gehen. Deshalb ist es für uns jetzt nicht unbedingt schlechter geworden, aber die Kinder sind ja jetzt aus dem Haus. Meine zwei Mädchen arbeiten, mein Sohn auch, meine sechs Enkel haben alle eine Lehrstelle. Meine Kinder gehören vom Einkommen her zur Mittelschicht. Diethelm unterbricht: Nein sie gehören nicht zur Mittelschicht, sie gehören zur Unterschicht, sie haben ja kein Kapital angespart. Die haben Kinder, können sich deshalb nichts leisten. Helene: aber alle drei haben ein Auto – finanziell klagen se nicht. Eine Tochter hat ein eigenes Haus, das wird noch abbezahlt, die anderen haben kein Eigentum. Aber das wichtigste ist Bildung. Meine Tochter musste für ihre drei Kinder noch eine Nachhilfelehrerein für Englisch nehmen, sonst hätten die Kinder das nicht geschafft, sie wären sitzen geblieben. Dafür ging sie noch zusätzlich putzen, nur um diese Lehrerin zu bezahlen. Das hat der Staat nicht bezahlt. Ich würde mir wünschen, dass da der Staat mehr Verantwortung übernimmt. Auch die vielen Türken und andere Ausländer sollten besseren Sprachunterricht bekommen und mehr gefördert werden. Wenn ich türkisch lernen müsste, dann fände ich das auch sehr schwer. Ich denke in Deutschland muss viel mehr in Bildung investiert werden.

Helene: Ich finde eine Frau die drei Kinder kriegt, hat das Recht diese

Kinder selber zu erziehen, dann müsste sie ein Hausfrauengehalt bekommen. Heute bekomme ich 135 Euro Rente obwohl ich mein Leben lang hart gearbeitet habe. Fünfzig Jahre habe ich gekocht, gewaschen, geputzt, den Haushalt geführt, meinem Mann den Rücken freigehalten. Es sollte für Hausfrauen eine bessere Rente geben. Wenn er stirbt bekomme ich von den fünfzig Prozent nur noch einen Teil Witwenrente, aber wenn ich sterbe, bekommt er weiterhin seine volle Rente. Diethelm: Ich habe fünfzehnhundert und meine Frau hat etwas über hundert, ist das nicht traurig. Das ist dermaßen lachhaft. Sie hat drei Kinder bekommen und erzogen – der Staat erkennt diese Arbeit gar nicht an.

Diethelm: Es müsste besser werden. Wir haben zuviel Angst das die paar Kröten die wir gespart haben auch noch weg sind.

Wenn wir früher arbeitslos geworden sind dann standen wir vor dem nichts, heute stehen sie zwar auch vor dem nichts, aber der Staat fängt die Masse auf, wie viele gibt es die nicht arbeiten können oder keine Arbeit finden ? Klar, die sind Arm dran, aber es gibt auch einige die nebenher arbeiten, dann haben sie tausend Euro. Ich finde es sehr gut, das es Hartz vier gibt, das die Allgemeinheit sie auffängt, vor allem wenn die Jobs wieder weniger werden.

In Duisburg kann man um sieben Uhr abends nicht mehr in die Stadt reingehen, das ist zu gefährlich, meine Enkelkinder, die hübschen Mädchen werden von vierzehnjährigen angefasst. Ich habe gesagt geh mit deinem Freund oder als Gruppe. Ich finde das geht nicht, die Gesellschaft verändert sich. Das sind nicht die Ausländer allein, auch Deutsche sind dabei. Die Mädchen sind zwanzig und achtzehn. Die können alleine nach Tunesien fahren, weil sie da im Hotel sind, aber durch Duisburg könne sie nicht alleine gehen.

Irma und Friedel M. aus Köln. Beide sind Rentner. Friedel ist 67 Jahre alt. Er war Beamter bei der Bundesagentur für Arbeit und Irma ist 69 Jahre alt. Sie hat im kaufmännischen Bereich gearbeitet.

Friedel: Wir gehen Mal davon aus, das wir zur Mittelschicht gehören. Die

Mittelschicht wird erheblich zusammenschrumpfen. Die Probleme die da Mittelfristig auf die Gesellschaft zukommen, das wird ganz schön happig, das wird zwar von den Politikern erkannt, aber nicht zugegeben. Man merkt das überall dass die Mittelschicht kleiner wird. Ich sehe es auch im näheren Umfeld. Leute die bestimmte Dinge sich haben erlauben können, die müssen sich jetzt schon erheblich einschränken. Das heißt nicht, dass es denen schlecht geht, aber die können zum Beispiel gewisse Dinge nicht mehr machen. Zum Beispiel, wenn sie früher zwei Mal Urlaub gemacht hat, dann machen sie jetzt nur noch einmal Urlaub. Früher wurde in regelmäßigen Abständen ein neues Auto gekauft, das fällt heute unter den Tisch und das deutet einzig und allein darauf hin, das bei der breiten Bevölkerungsschicht - der Mittelstand ist ja die tragende Säule unserer Gesellschaft - immer weniger zur Verfügung steht. Woran das liegt, das kann man sich auf den Fingern abzählen. Einmal, die Verdienste sind nicht wesentlich in den letzten Jahren gestiegen, aber die Kosten sind quer Beet gestiegen. In allen Bereichen ist alles teurer geworden – den Euro kann ich ja nur einmal ausgeben. So Krass, dass alles doppelt so teuer geworden ist, sehe ich es vielleicht nicht, aber es ist alles erheblich teurer geworden, teilweise sechzig Prozent, wenn man von den Energiekosten absieht, die sind überproportional teurer geworden. Und wenn man dann dagegen das Geld sieht, das der einzelne zur Verfügung hat, dann muss man sagen: die Verhältnisse stimmen nicht mehr. Uns macht das keine Angst, denn wir haben ein gewisses Alter erreicht, wir haben einen gewissen Besitzstand. Da wird nichts mehr zukommen, wir halten den. Aber wir sagen: Das Teil muss heute nicht sein. Wenn wir früher in die Stadt gegangen sind, und da hat uns was gefallen, dann haben wir gesagt ach ja, kauf ich mir Mal zwei Hosen, oder zwei Pullover, oder zwei Paar Schuhe. Aber heute überlegen wir. Muss das sein, dann nehmen wir uns eins oder wir sagen die tun es noch, wir tragen die noch ein Jahr. Das ist die Reaktion die wir daraus stimmen. Sorgen und Angst haben wir nicht, die Jahre die uns letztendlich bleiben brauchen wir uns eigentlich keine Sorgen zu machen aber für die

Folgegeneration, unser Sohn zum Beispiel da sieht das schon ganz anders aus. Vor allen Dingen aus meiner Sicht ist das schlimme an der ganzen Sache – es ist nichts mehr Kalkulierbar – früher war es so, man hatte eine Arbeit, man war in einem Unternehmen man hatte gewissen Sicherheiten und daraufhin konnte man planen. Heute hat keiner mehr eine Planungssicherheit und das ist meiner Meinung nach das allerschlimmste. Es gibt heute junge Leute die verdienen gutes Geld, aber die wissen nicht ob sie das Gehalt noch in zwei Jahren haben, sie können schnell gekündigt werden, selbst gesunde Unternehmen machen dicht, der Sohn will das Unternehmen nicht übernehmen, der verkauft das, früher gab es da noch ein gewisses soziales Empfinden der

Unternehmen, gibt es heute sicherlich im Mittelstand auch noch in vielen Unternehmen, aber die Planungssicherheit ist einfach nicht mehr da, man kann also nicht mehr sagen ich habe einen Arbeitsplatz in einem großen Unternehmen, ich kann zum Beispiel planen und kann sagen, so ich verschulde mich und baue ein Haus, das kann sich heute eigentlich kein Mensch mehr erlauben, weil man weiß nicht was kommt. Mein Sohn ist über vierzig, er hat keine Kinder, mich ärgert das nicht, aber es macht mich nachdenklich, ich frage mich wo soll das hinführen, Wenn ich heute immer in den Medien höre, die Arbeitslosenzahlen sind zurückgegangen, wir haben weniger Arbeitslose, aber es wird nicht hinterfragt, was tun die Leute – wenn ich heute die ganzen Ein-Euro Jobber sehe, Aushilfskräfte die überall arbeiten, ganze Unternehmen die bauen ihre ganzen Planungen auf Teilzeitarbeitskräfte auf, diese Leute kommen irgendwann einmal ins Rentenalter was wollen die denn für eine Rente bekommen ? Einheitsrente, Sozialhilfe, Harts 4, die haben doch gar keine Perspektive. In der Zeit möchte ich nicht mehr leben, das gibt Mord und Totschlag. Es sind ja in der Vergangenheit Kindererziehungszeiten anerkannt worden das ist allerdings so verschwindend gering, da kommen dann solche Renten raus wie 120 oder 130 Euro, das ist ein besseres Taschengeld, da kann man drei Mal schick von essen gehen dann ist Feierabend.

Das ganze ist ja eine bewegliche Sache, wie es sich entwickelt weiß man nicht. Für unseren Sohn habe ich weniger Sorgen aus dem einfachen Grund, es sind keine Kinder da, er ist dann im Grunde genommen auch ein Auslaufmodell, seine Frau ist berufstätig, die haben beide später einen Rentenanspruch. Er sorgt auch fürs Alter vor, der wird sicherlich keine Not leiden, davon gehe ich mal aus. Ich bin im Grunde genommen froh das er keine Kinder hat – die Verantwortung Kinder in die Welt zu setzen sehe ich wirklich mittlerweile als Problem an wenn da kein umdenken in der Gesellschaft verfolgt, also auch kurzfristig. 2012 soll jedes Kind einen Krippenplatz haben, wer weiß ob das klappt.

Irma: Mann sollte auch mehr für die Familien tun. Wir zwei wenn wir irgendwo hingehen können wir die Eintritte bezahlen, weil wir kriegen es ja auch preiswerter als Rentner und die jungen Familien, wenn die in den Zoo gehen und die gehen mit zwei, drei Kinder, die müssen blechen, die müssen richtig tief in die Tasche greifen, da stimmt doch etwas nicht, Um nur ein Beispiel zu nennen. Wir haben letzt im Kölner Zoo – wir haben eine Jahreskarte, wir als Rentner zahlen da dreißig Euro im Jahr, jetzt kommt eine Familie mit drei Kindern, das haben wir ausgerechnet, die zahlen 48 Euro für einen Besuch, das ist aber Montags wenn es kostengünstiger ist. 48 Euro für einen Besuch, das geht doch nicht. Das muss nicht sein. Ich finde das ganze äußerst bedenklich, wenn die Entwicklung so weiter geht, das geht nicht gut. Die Politik müsste eingreifen, sie tut es nur nicht, alles möglich redet sie vor sich her und dann kommt der hat die Idee, der andere verwirft sie wieder, es wird alles kaputt geredet und was am Ende an Kompromissen rauskommt ist mehr als Faul. Für mich ist Politik immer ein schmutziges Geschäft, aber so schmutzig wie es jetzt ist war es nie. Aber vielleicht wird man ja auch kritischer wenn man älter ist, vielleicht sehen die jungen Leute das anders, lockerer. Unser Sohn ist Kontroller in einem Unternehmen die weltweit ein Monopol haben, mein Sohn hat schon gesagt, wenn der Alte Mal weg ist und die Familienmitglieder sind sich nicht einig und verkaufen, dann stehe ich auf der Straße. Wir haben im

Oberbergischen sehr viel mittelständige Unternehmen die alle kaputtgegangen sind, nicht weil sie schlecht geführt waren, sondern einfach weil irgendeiner aufgekauft worden ist, dann wird es wiederverkauft, dann kommen Heuschrecken darin, dann wird ausgeschlachtet und immer bleiben Mitarbeiter auf der Strecke. Ein Mensch zählt gar nicht mehr. Ob sich ein Mitarbeiter für die Firma verdient gemacht hat, das spielt alles keine Rolle mehr. Der Mohr hat seine Pflicht getan, jetzt kann er gehen. Das menschliche ist vollkommen weg, es gibt Ausnahmen, also kleiner Handwerksbetriebe, das was das Rückgrat unserer Wirtschaft ausmacht. Bei uns wird alles nur in die Großunternehmen rein gesteckt und das haben wir ja gesehen, das Geld versickert, die Leute kriegen Zusagen gemacht, nach einem Jahr wird dicht gemacht, siehe Nokia. Und was auch nicht geht ist, das wir die Leute mit unseren Steuergeldern gut ausbilden und ihnen dann hier keine Stelle anbieten. Die Generation, die kleinen Kinder die jetzt hier rumlaufen in deren Haut möchte ich nicht stecken, vorausgesetzt wenn keine Änderung kommt, wenn die Entwicklung so weiter geht wie in den letzten zehn, fünfzehn Jahren, wenn nicht abrupt umgedreht wird, dann kriege ich für die Kleinen Ängste.

„Die einzige Gruppe innerhalb der Mittelschicht, die sowohl relativ als auch absolut an Bedeutung gewonnen hat, ist die der Alleinerziehenden mit einem

Zuwachs von knapp 400.000 Personen. Alleinerziehende sind aufgrund der Schwierigkeit, Kindererziehung und Erwerbstätigkeit in Vollzeit zu vereinbaren, in der Gruppe der Armutsgefährdeten weit überdurchschnittlich vertreten und unter den Einkommensstarken praktisch nicht nachweisbar." (DIW Wochenbericht 10/2008)

Claudia, Diplom Betriebswirtin und Mathilda, Bibliothekarin aus Aachen.
Wir gehören zur Mittelschicht, aber wahrscheinlich eher nach unten, rutscht ja immer mehr nach unten runter

Mathilda
Ich bin Alleinerziehend, habe zwei Kinder, bin Diplombibliothekarin,

arbeite seit August wieder und habe 60 Euro mehr als bei Hartz 4 und die Miete ist jetzt vierzig Euro gestiegen, also habe ich zwanzig Euro mehr und ich habe jetzt das erste mal in meinem Leben ein kleines Auto also habe ich jetzt weniger und seit einem Jahr bin ich immer im Minus, also daran merke ich das alles teurer ist, ich habe früher immer sparen können, jetzt bin ich im Minus. Lebensmittel sind viel teurer geworden, ich habe früher immer im Bioladen eingekauft, das kann ich jetzt nicht mehr, Brot kauf ich immer noch aber Obst, Gemüse kann ich da nicht mehr kaufen. An Lebensmitteln kann man nicht sparen. Ich habe immer beim Metzger Wurst gekauft, das kann ich jetzt auch nicht mehr, jetzt kauf ich die Wurst beim Netto oder Aldi – ich esse jetzt nicht mehr so viel Wurst. Käse kaufe ich auch nicht mehr im Käseladen sondern im Discounter. Eigentlich gehöre ich als Diplom Bibliothekarin zur Mittelschicht von der Bildung, aber vom Verdienst her auf gar keinen Fall. Ich wünsche mir mehr Geld, Ich möchte nicht immer überlegen müssen ob ich mir jetzt ein Eis kaufe, ob ich ins Kino gehen – ich kann mir das alles nicht mehr leisten – das möchte ich eigentlich nicht, aber ich habe keine Wahl. Als Studentin hatte ich mehr Geld zur Verfügung – dadurch das man Kinder hat muss man mehr zurückstecken, als Studentin musste ich nur auf mich achten, da konnte ich mir mehr leisten, da bin ich auch öfter spontan in Urlaub gefahren, da hat man mal schnell zwei, dreitausend Euro verdient, hat sich schöne Sachen gekauft, ist in Urlaub gefahren, das geht jetzt nicht mehr, ich kann jetzt nicht sagen, ach ich arbeite einen Monat ganz viel und hab dann viel Geld, das Kind ist ja da, da muss man immer Rücksicht nehmen – ich würde gerne mehr arbeiten, aber das geht von den Zeiten nicht, von der Betreuung geht das nicht, das zahlt man dann ja wieder drauf, das frustriert mich total, das merk ich richtig, das zieht mich richtig runter, ich laste das aber nicht den Politkern an, ich suche das eher bei mir. Ich habe ja jetzt die Doppelbelastung, neben Haushalt und Kind habe ich jetzt noch die Arbeit. An den Tagen an denen ich dann Zuhause bin kann ich alles aufräumen, denn an den anderen Tagen bin ich völlig ausgelaugt. Ich finde es sehr schön zu arbeiten, das macht Spaß, ich hätte aber gerne etwas flexiblere Zeiten und das Gehalt müsste stimmen, für vierzig Euro mehr, das ist nicht fair. Ich bin Bibliothekarin und musste vor drei Jahren direkt nach der Geburt meines Sohnes als Bibliotheksassistentin arbeiten, also drei Stufen unter dieser Stufe wo ich jetzt arbeite, ich war Angestellt und hatte 850 Euro und jetzt habe ich für den Halbtagsjob 925 Euro, das kann nicht sein. Nach dem neuen Tarifvertrag sind etliche Sachen weggefallen – Ortszuschlag und Kinderzuschlag, das merk ich. Ich bin fast umgefallen – ich hatte gehofft 1100, das dachte ich schon. Das ist der Hammer. Meine Freundin ist geschieden, die war zwanzig Jahre verheiratet, hat zwei Kinder, die arbeitet auch als Bibliothekarin aber die ist mit dem Geld nicht hingekommen und geht samstags noch putzen. Einen Ganztagsjob und dann Samstags noch putzen um den Lebensstandard zu halten, dass muss man sich Mal vorstellen. Das kann nicht sein und darf nicht sein. Ich kenne keinen Mann dem es so geht. Ich komme aus Düsseldorf, wohne in Aachen ganz alleine ohne Eltern, ich brauche also immer eine Betreuung.

An die Zukunft meiner Kinder oder meine Rente da denke ich gar nicht daran – die Zukunft ist weit weg. Ich kann nur hoffen, das alles besser wird und das die Arbeitszeiten flexibler werden, dass man mehr Rücksicht nimmt auf die Mütter die Kinder erziehen aber wenn das nicht geht, dann hat man halt Pech gehabt. Viele Kollegen die keine Kinder haben, haben kein Verständnis dafür, die sagen das ist halt deine eigene Schuld, das sind nicht alle aber etliche, die verstehen das nicht. Seit dem Euro wird es viel teurer und seit einem Jahr merke ich das ich immer im Minus bin, als Studentin hatte ich mehr Geld, jetzt lebe ich von meinen Ersparnissen. Extrem ist es die letzten zwei Jahre, im letzten Jahr ist es noch schlimmer geworden. Ich habe schon nach Qualität geschaut, jetzt schaue ich da schon nach, kaufe im Discounter. Ich spare beim Ausgehen, Essen gehen, habe ich zwar auch sonst nicht viel gemacht, aber jetzt praktisch gar nicht mehr. Schlimm ist es auch bei den Eintritten, Tierpark zum Beispiel, das kann man sich nicht leisten, sogar nicht als

Begleitperson. Ich finde das unglaublich das man da soviel bezahlen muss, für die Kinder ist das in Ordnung, zwei Euro oder zwei Euro fünfzig, aber als Erwachsener zahlt man sechs Euro. Ich würde da viel lieber öfter mal hingehen, auch Schwimmbad kann man sich nicht leisten. Kino oder Theater schon gar nicht, das ist Schade, das man sich die Kultur nicht mehr leisten kann. Ich spare auch bei der Kultur.

Yvonne, 37 Diplom Betriebswirtin, Kontrollerin aus Düsseldorf mit Paul 2 ½ :

Lebensmittel, Kleidung, Schuhe alles wird teurer – gute Schuhe kosten 150 Euro, das sind dreihundert Mark – das hätte ich früher niemals ausgegeben, aber heute… für gute Schuhe muss man das ausgeben. Ich sehe die Zukunft nicht rosig, aber dem Kind zuliebe muss ich positiv denken, schauen das es weitergeht, Urlaub kann dann nicht stattfinden. Für die Ausbildung kann ich gar nicht sparen, daran darf ich im Augenblick gar nicht denken, ich hoffe dass es besser wird. Paul hat jetzt einen Kindergartenplatz. Das ist mir sehr lieb so, jetzt kann ich in Ruhe einen Job suchen aber in meinem Bereich werde ich wohl gar nichts mehr finden, dann müsste ich einen vollen Job annehmen, das geht nicht mit einem zweieinhalbjährigen, dann ich muss jetzt also eine Aushilfsstelle annehmen.

Ich habe zwar den Düsselpass, jetzt als Hartz vier Empfängerin – aber der gilt nur für Düsseldorf. Wenn ich in Köln in den Zoo möchte, dann kostet das 13.50

Euro als Erwachsene und mit dem Kind bin ich zwanzig Euro los, nur für den Eintritt, das ist dann doch ein bisschen teuer, das kann ich mir nicht leisten.

Bei den Lebensmitteln muss ich auf Qualität achten, weil Paul hat Neurodermitis, da will ich schon schauen das er Vollwertkost bekommt.

Ina H. aus Berlin, 72 Jahre alt, Rentnerin. Witwe eines promovierten Volkswirtes mit eigener Steuerberaterpraxis.

Die Mittelschicht verschwindet, das merke ich in meinem Bekanntenkreis. Man kann sich heute auch kaum mehr etwas leisten. In den Geschäften ist alles auch viel teurer geworden. Gleichzeitig hat die Qualität stark abgenommen. Die Produkte kommen nicht mehr aus

Deutschland, sondern aus China, sie sind von schlechterer Qualität, aber die Preise sind höher als früher, als vieles noch aus Europa kam.

Ich habe noch eine alte Rechnung für mein Öl aufgehoben. 1969 hat ein Liter Öl 9 Pfennig gekostet – wir hatten 8500 Liter – für knapp 900 Mark war der Tank bis zum Rand gefüllt – dann hat der Preis sich langsam gesteigert auf 15 Pfennig, 25, später 30 Pfennig – das hat sich dann über Jahre gehalten. immer im Mai habe ich gefüllt. Ich habe den tank nie ganz leer werden lassen. Im letzten Jahr habe ich dann für 5000 Liter nachzufüllen 2300 Euro bezahlt und in diesem Jahr habe ich für 4000 Liter Öl 1200 mehr bezahlt, also insgesamt 3500 Euro. Das ist eine Preissteigerung von mehr als dreißig Prozent in einem Jahr.

Ich versuche jetzt sehr viel einzusparen. Ich stelle den Thermostaat ein wenig runter, habe überall Vorhänge angebracht und überall Sparlampen. Wenn ich das Haus verlasse, drehe ich die Heizung immer ganz runter. Ich spare überall wo es geht, ich muss, sonst komme ich mit meinem Geld nicht hin. Ich habe mir Steckdosenleisten gekauft, wenn ich die Geräte nicht brauche, schalte ich die Leiste aus, ich habe dadurch in einem Jahr zwanzig Euro gespart, das habe ich schon ausgerechnet. Kaffeemaschine, Spülmaschine, Radio, alles wird ganz aus gemacht. Kleidung kaufe ich fast gar nicht mehr. Ich kaufe mir nur sehr wenig dazu, immer zur Jahreszeit. Ich muss nichts mehr kaufen, ich habe alles da. Für Lebensmittel gehe ich viel zum

Aldi, da hole ich jetzt auch mein Brot, da ist alles billiger, Käse, Brot und Wurst, alles ist da billiger und es schmeckt auch gut – auch die Heringe schmecken gut – früher war Aldi ein Geschäft für ärmere Leute, heute sehe ich da viel Bekannte, alle gehen zum Aldi. Früher habe ich viel bei Bofrost bestellt, aber das schränke ich heute ein. Bofrost hat gute Qualität, ist aber teuer. Ich jammere nicht, ich habe mich nur eingeschränkt. Im Moment habe ich es gut eingeteilt. Meine Kinder gehören zur Mittelschicht aber um die mache ich mir mehr Sorgen. Die machen nur höchstens einmal Urlaub im Jahr, wenn überhaupt, denn sie haben zwei Kinder und müssen massiv sparen. Die wohnen in Berlin, da ist das Leben sehr teuer. Einmal im Jahr kommen sie im Urlaub zu mir, dann haben die bei mir frei Essen und frei Schlafen und wir lassen dann das Auto nachschauen, so kann ich die junge Familie unterstützen. Wirtschaftlich ging es mir in der Zeit kurz vor dem Euro am besten. Der Euro hat alles zerstört – Du bezahlst heute mit dem Euro genauso viel wie du früher mit der DM. Die Politiker sollten mit der Lügerei aufhören. Ich bin doch nicht blöd, ich weiß doch was ich ausgebe. Früher konnte ich von meiner Rente ein bisschen sparen und konnte soviel zurücklegen, dass ich davon das Öl bezahlen konnte, heute geht das nicht mehr, ich zahle das Öl aus meinen Reserven. Zum Glück habe ich Reserven. Für mich zeichnet sich die Mittelschicht auch durch Bildung aus. Dazugehören Leute die eine gute Schul-

und Allgemeinbildung haben und da habe ich auch den Eindruck, das die Bildung immer mehr abnimmt – unsere Politiker haben das Schulsystem schleifen lassen – wer Bildung hat, denkt mehr nach, auch über Probleme und sucht nach Lösungen. Unsere ganze Gesellschaft muss nachgeschult werden, Bildung ist das allerwichtigste, nur so kommt eine Gesellschaft weiter, aber genau das Gegenteil passiert, es gibt immer weniger Menschen mit einer guten Ausbildung und die Hauptschulen sind Abstellplätze, das darf gar nicht passieren.

Sonja, 23 Jahre alt studiert in Aachen an der RWTH Geologie.

Ich merke das die Mittelschicht immer weniger wird, das Arm und Reich immer weiter auseinander reichen. Ich kann es nur als Studentin beurteilen. Schon allein durch die Studiengebühren wird da ein Gegensatz erzeugt, so dass eigentlich nur noch die Reichen studieren können. Ich merke es halt im Freundeskreis das manche schon gesagt haben ich kann es mir nicht mehr leisten, ich muss vielleicht sogar abbrechen, es gibt Fälle da ist das wirklich so.

Ines 23 studiert Technomathematik an der RWTH Aachen.
Wir sind nicht die reichsten von allen. Das Studium ist schon teuer, manche Studenten arbeiten ein halbes Jahr damit sie es sich überhaupt leisten können. Es ist natürlich einiges was man da

bezahlen muss, das sind ja hundert Euro im Monat die da weg gehen und wenn man dann auch noch eine Wohnung bezahlen muss, dann ist das schon viel.

Sonja: Wir merken nicht direkt etwas von der Verbesserung, wenn, dann merkt man das vielleicht in fünfzehn Jahren, aber davon sind wir ja nicht mehr betroffen. Ich kenne eigentlich nur Leute die sagen, sie gegen Studiengebühren, es hat nicht viel Positives bis jetzt, es geht alles in die Forschung und nicht in das Studium selber.

Ines: Ich habe jetzt von einem Professor gehört, dass man zwar Studiengebühren bekommt, aber andere Mittel vom Land werden gekürzt. Im Bereich Technomathematik gibt es genügend

Jobs, da sind die Aussichten im Moment gut, da mache ich mir keine Sorgen. Ich glaube wir haben es nicht verkehrt gemacht, wir sind da schon einen guten Weg gegangen als Frau in einem naturwissenschaftlichem Studium.

Sonja

Zukunft sichern für einen selber, das man auf eigenen Beinen stehen kann und dann Kinder und dann aber auch für die Kinder da sein, also dann sagen ich gehe arbeiten, das Kind kommt weg zu einer Tagesmutter das geht schon mal gar nicht. Jetzt kann ich mir Kinder vorstellen, aber geplant ist nichts. Wenn man aufhört und wieder anfängt ist es einfacher, wie wenn man noch gar nicht gearbeitet hat. Ich mache mir um meine Zukunft Sorgen, beruflich vor allem, mit

Geologie denke ich das ich auf jeden fall nicht in Deutschland bleiben werde und dann weiß ich nicht wie das im Ausland werden wird, das ist bei mir alles sehr ungewiss. In meinem Berufsfeld ist das ganz unterschiedlich mit den gehältern, es gibt Ingenieurbüros in Deutschland da verdient man 1400 im Monat am Anfang und dann gibt es Erdölfirmen da verdient man 4000-5000 Euro im Monat als Absolvent. Hauptsache der Job macht Spaß. Da steht das geld vielleicht gar nicth Mal im Vordegrund. Eine gewissen Lebensqualität muss dabei sein, das ist ein Zwiespalt, da muss man einen Mittelweg finden.

Ines: Ich möchte auch Kinder aber erst Mal arbeiten, vor dreißig nicht, auf jeden Fall erst Mal arbeiten, vor allem wenn man Technomathematik studiert dann kommt man in Programmierjobs, dann muss man auf den neuesten Stand sein und wenn man dan sofort nach dem Studium nicht arbeitet, erst Mal Kind bekommt, dann sind fünf Jahre vergangen ehe man anfängt, dann ist man nicht mehr up tot date und hat man noch gar keine Berufserfahrung, das ist schwierig. Ich habe vor in der Region zu bleiben, je nachdem welches Jobangebot ich bekomme. Ich glaube als Student hat man noch nicht so hohe Ansprüche da kann esn ur besser werden, ich hätte gerne erst Mal eine größere Wohnung wenn ich mehr Geld verdienen würde.

Hedwig, Lehrerin, 53 Jahre aus Selm, verheiratet 3 Kinder.

In unserem Umkreis ist die Mittelschicht stabil, aber was ich lese gibt es immer mehr Reiche und auch immer mehr die arm sind. Bei uns ist die Mittelschicht gar kein Thema. Wir gehören schon zur privilegierten Gruppe von Menschen die gut leben können. In dem Laden in dem ich immer einkaufe da sagte mir eine Kassiererin das sie gegen Ende des Monats feststellt das immer mehr Familien Tütensuppe kaufen in dem Laden ist es auch so, wenn man über dreißig Euro einkauft, dann bekommt was dazu, dass heißt also die Beträge die da ausgegeben werden sind auch gar nicht mehr so hoch. Und das am Ende des Monats gesagt wird, in einem Kaffee im Ort: Ende des Monats brauche ich längst nicht mehr so viel Kuchen bereitstellen. Die Leute kaufen weniger.

Die Leute kommen weniger, nach dem ersten wird es voller, das ist mehr in letzter Zeit geworden als noch vor ein, zwei Jahren. Eine Mutter erzählte mir von einem Vater, der ist Krankenpfleger, der Sohn ist elf Jahre alt, die Mutter arbeitet bewusst nicht um bei dem Kind bleiben zu können, die sind noch nie in Urlaub gefahren, weil sie das von dem Gehalt nicht können, das finde ich anerkennenswert das sie das so bewusst machen aber andererseits zeigt das auch, dass man sich mit so einem Gehalt Luxus nicht erlauben kann. Dem Kind fehlt offensichtlich nichts, er ist sehr stabil und offensichtlich nicht neidig. Für meine Kinder habe ich Angst. Wir haben drei Kinder, was kann ich meinen Kindern mitgeben damit sie später versorgt sind 19, 21 und 24 Jahren. Ob meine Pension noch gesichert ist, das frage ich mich schon. Ich denke darüber nach und eine gewisse Unruhe kommt dann hoch. Aber gegenüber vielen anderen Menschen auf der Welt geht es uns doch gut. Die Mittelschicht ist sehr wichtig, auch Handwerker die gehören ja auch zur Mittelschicht gerade die braucht eine Nation ja auch. Ich habe so ein Gefühl der Ohnmacht, wenn ich jetzt diese Weltwirtschaftskrise sehe, wie eng alle Länder miteinander verknüpft sind und wenn gesagt wird das die ganzen Gelder immer von land zu Land verschoben werden und wir aufgrund einer Bankenkrise in den USA in Deutschland auch in Mitleidenschaft gezogen werden und Japan, China auch alle, da fühle ich mich total machtlos. Das beunruhigt mich schon. Aber was soll ich da als kleiner Mensch dagegen tun ? In den Zeitungen stand, dass es immer mehr arme Kinder in Deutschland gibt, aber auch immer mehr reiche, die Tendenz gibt es, dass wir immer mehr Unterschiede habe. Man muss was machen aber was, das ist die Frage. Und es muss vielmehr in die Bildung investiert werden, ich bin ja in der Schule das wir noch Klassen mit dreißig Kindern da sitzen haben, das die guten Schüler nicht gefördert werden, das wir diesen Einheitsbrei haben, ich stehe da vor der Klasse und muss alle gleich unterrichten, auf die schwachen wird Rücksicht genommen. Aber wie ist das mit den guten Schülern. Die werden gar nicht genug gefördert und Leiden schnell an Schulunlust. Es gibt so viele unmotivierte Kinder, da muss viel viel mehr gemacht werden, ganz individuell, sowohl in der Ausbildung und in der Betreuung. Es muss auch immer wieder Fortbildung mit den Lehrern gemacht werden. Es muss viel mehr auf die einzelnen Kindern eingegangen werden, wenn da morgens ein Kind mit einem langen Gesicht ankommt hab ich gar nicht die Zeit darauf einzugehen und einmal nach zu fragen, gab es Probleme zuhause. Die Eltern müssen vielmehr mit einbezogen werden. Das die Eltern in der Schule nicht erwünscht sind ist Gang und gebe.

Doro, verheiratet, 56 Jahre, Erzieherin, ein Sohn, 24 Jahre

Ich glaube dass die Mittelschicht an sich so gar nicht mehr existiert. Wenn ich höre von

Kolleginnen oder Bekannten die es schwer haben im Monat rum zu kommen, das ist schlimm wenn es Jemand gibt der in der Mitte des Monats nicht weiß wie er bis zum Ende auskommen soll. Wenn ich an die Preise denke dann denke ich wo soll das noch hinführen, es beunruhigt mich nicht, aber ich denke drüber nach. Mein Sohn ist seit einem halben Jahr berufstätig, er ist schon scher am rechnen ob er rumkommt mit ner Wohnung und mit dem Auto, Zuhause war immer alles da. Er ist Diplominformatiker. Er kuckt schon nach den preisen, er sagt Du kaufst doch das und das weißt du was das kostet, dann sage ich nein, wenn ich dann mal wieder im laden bin, dann kucke ich was das kostet und dann regt mich das zum nachdenken an wenn ich dann sehe drei eingeschweißte Frikadellen die mein Mann gerne isst, die dann drei Euro kosten, ist schon viel. Ich glaube wenn es keine Mittelschicht gäbe, dass dann so ein Neidfaktor entstehen würde, wenn es nur Arm und Reich geben würde, das wäre mit Sicherheit nicht gut. Dann würden die Reichen sich ja auch verschanzen. Seitdem es den Euro gibt hätten die Gehälter steigen müssen, da hätte irgendetwas passieren müssen, denn es ist ja wirklich eins zu eins umgerechnet worden –

hätten sie früher für eine Weihnachtskarte zehn Mark bezahlt ? Ja, das kostet sie 4.99 Euro. Das ist nur so ein Beispiel, aber da gibt es viele Beispiele die Wahnsinn sind, ein Kaffee für drei Euro – Hätte ich mir früher einen Kaffee für sechs Mark gekauft ? Nein, da ist einiges ganz falsch gelaufen, auf Kosten der Mittelschicht.

Bärbel, 49 Jahre, Verheiratet, Erzieherin, Eine Tochter 22 Jahre

Dass auch mehr Frauen arbeiten müssen, also nicht bei ihren Kindern bleiben können, habe ich festgestellt, weil die Frau mitarbeiten muss, und das die Kinder da auf der Strecke bleiben, da ist der Druck dahinter. Wenn die Frauen das wollen ist das in Ordnung. aber wenn die Frauen das nicht wollen und die Kinder abgeben müssen, das finde ich nicht in Ordnung. Für meine Kinder habe ich Angst um die Zukunft, mit dem Arbeitsplatz, das da weniger Angebote sind das sie sich ernähren kann. Die Eltern sind auch so unsicher in ihrer Erziehung

Wir gehören auf jeden Fall zur Mittelschicht wahrscheinlich zur oberen Mittelschicht wir sind beide Lehrer, arbeiten voll.

Ja wir gehören zur Mittelschicht, mit zwei Gehälter sicher. Wenn wir von der Definition ausgehen, von der

Umschreibung dann gehören wir zur unteren Oberschicht, aber ich fühle mich nicht wie Oberschicht.

Bastian 31,Mann, Lehrer - Beamter

Wir haben noch keine Kinder, zwei volle Einkommen, wir genießen das schon so, wir haben eine kleine Wohnung zur Miete, aus Studentenzeiten noch, es wird zwar alles teurer, aber wir kaufen die Lebensmittel so ein wie wir da gerade Lust zu haben, wir genießen diese Freiheit, aber wir wissen das das nicht immer so bleiben wird, wenn wir Kinder wollen und nur noch einer arbeiten wird, dann wird das anders, da müsste man dann wohl bewusster einkaufen. Wir kennen das nur aus den Medien dass es vielen schlechter geht. Wenn man vergleicht früher, unsere Eltern oder so, die hatten ein ähnliches Geldvermögen, wenn man das mit der Inflation vergleicht, aber die haben anders gelebt. Heute geht man zu Tchibo und kauft da noch was ein und da noch was. Das haben die nicht gemacht, die haben viel mehr selbst gemacht, auch was die Einrichtung angeht. Heute richtet man sich komplett neu ein. Da geht man zu Ikea, da heißt es, da ist alles preiswert. Aber das haben damals die Eltern nicht gemacht. Die haben mit älteren Dingen gewirtschaftet. Da hat man noch gespart. Heute ist es sehr einfach alles zu haben, alles zu kriegen, man sieht ja auch alles und dann will man es auch haben. Da werden vielmehr Wünsch geweckt heutzutage. Die Eltern haben lange mit der ersten Küche oder der ersten Einrichtung getan. Meine Mutter hat für die Kinder genäht, welche Mutter macht das heute noch? Damals haben die Kinder auch Sachen aufgetragen – ich glaube da geht auch das Geld drauf, viel drauf. Wenn man mit der Familie nach McDonalds geht, komplett so ein Menü, das geht auch nicht. Ich habe ja auch gut reden, weil ich da selber nicht so drinstecke, ich muss nicht jeden Euro drei Mal umdrehen. Aber ich denke es liegt auch ein bisschen an der Gesellschaft man sieht halt an allen Ecken viele wunderschöne Sachen. Gerade Deutschland, den Leuten geht es so schlecht nicht, da wird schon auf hohem Niveau gestöhnt. Natürlich die untere Mittelschicht das ist keine Frage. Diese Armutsgrenze da, das ist schon hart aber die mittlere und obere

Mittelschicht die darf sich nicht beschweren.

Katrin 31 aus Aachen, Lehrerin am Berufskolleg, Beamtin

Da wir beide Berufsanfänger sind habe ich das so empfunden das es immer besser wurde, ich hab mit der Ausbildung angefangen da war das Geld knapp. Im Studium auch. In der Referendarzeit verdient man schon ein bisschen und jetzt als Berufsanfänger hat man noch mehr Geld zur Verfügung. Also für uns ging es von der Tendenz her immer bergauf. Die angestellten Lehrer verdienen erheblich weniger als wir. Da ist natürlich auch der Neid im Kollegium und die müssen mit ihrem Geld natürlich ganz anders haushalten. Die spüren das natürlich viel stärker; die

Inflation und das Produkte teurer werden, grade wenn sie Kinder haben. Nächstes Jahr heiraten wir. Dann wollen wir Kinder und ein Haus bauen. Aber dann merken wir auch schon, das ist irre teuer. Wenn man sich ein Haus kaufen möchte oder ein Grundstück, Doppelhaushälfte in der Richtung, da müssen wir auch ganz schön überlegen, wie wir das finanzieren. Viele die weniger verdienen, wo auch nur einer arbeitet und die Frau vielleicht nur einen vierhundert Euro Job hat, weil sei die Kinder betreuen muss, das ist für uns unvorstellbar, wie man das auf die Reihe kriegt. Wir müssen uns dann runter schrauben, aber das kriegen wir hin. Ich stelle es mir sehr schwer vor, wenn man den Traum von der Familie hat. Als Lehrer ist es sehr gut. Wenn einer halbtags Zuhause bleiben kann, was ja auch schön ist für die Kinder, und dann, es sei denn eine Eigentumswohnung, auch als Altersvorsorge das stelle ich mir sehr schwer vor. Man sieht halt auch viele Dinge die man sich nicht leisten kann, und dann denkt man es geht einem schlecht, man fühlt sich dann schlecht, obwohl eigentlich, wenn man es einmal realistisch betrachtet, was braucht man zum leben. Es geht uns meistens sehr gut, aber man empfindet das nicht so, weil man überall Glitzerwelt sieht, auch in der Werbung, was es alles gibt. Natürlich, jeder hätte gerne diese ganzen Sachen.

Ich arbeite in Grevenbroich am Berufsbildungszentrum, die Ausstattung da ist katastrophal, wenn man so durch die Räume geht, durchs Gebäude geht, das ist deprimierend was man da sieht. Da macht das lernen keinen spaß, da macht das Unterrichten keinen Spaß. Wie will man lernen, wenn man demotiviert ist, da regnet es zum Dach hinein, da sind uralte Tische, die sind 25 Jahre alt, die sehen auch dementsprechend aus. Sauberkeit ist auch ein Problem. Putzfirma die da kommt, muss alles bezahlt werden, und in so einem großen Berufskolleg kann das alles nicht auf den Stand gehalten werden. Das Geld fehlt da einfach auch. Mobiliar, Sauberkeit, Sanitäranlagen, ist nicht schön. Das macht keinen Spaß dann dort hinzugehen, man braucht eigentlich eine angenehme Atmosphäre um zu lernen. Bei meinen Schülern kommen auch viele aus der Unterschicht, die haben von klein auf erlebt wie es ist in ärmlichen Verhältnissen zu leben. Die Eltern arbeiten vielleicht auch, und kommen trotzdem nicht voran. Bemühen sich um einen Job, und finden einen und haben sich damit abgefunden, und sehen dann, mit Hartz 4 kann ich auch leben, da muss ich nicht noch zusätzlich Leistung bringen. Viele Schüler haben keine Motivation, weil sie sehen, ich kriege doch keinen Ausbildungsplatz, weil gute Realschüler oder Abiturienten ihnen die Ausbildungsplätze wegschnappen. Man müsste die Kinder individueller begleiten, auch psychologischer. Viele meiner Schüler sehen schon, dass sie aus der Unterschicht kommen und da auch bleiben werden, sie kriegen das von ihren Eltern auch vorgelebt, das ist schon traurig das zu sehen. Ich fahre jeden Tag nach Grevenbroich. Als Akademiker ist das normal, dass man jeden Tag weit fährt für einen guten Job. Vier, fünf Jahre kann man das Mal machen. In Aachen am Berufskolleg, da ist das anders, das ist halt zehn Jahre erst alt, das ist auch gut eingerichtet, das ist auch sauber. In Deutschland hat ja jeder die Möglichkeit kostenlos eine Schulbildung zu erhalten, viele nehmen das aber auch nicht in Anspruch. In Aachen habe ich nicht das Gefühl das Lehrermangel ist. Es heißt ja immer es fehlen Lehrer aber die Schüler wollen teilweise auch nicht lernen, wenn die Motivation nicht da ist, dann kommt auch nichts rein. Den Schülern fehlt vielleicht das Ziel, die sehen da keinen Nutzen darin sich weiterzubilden. Vielleicht kommt aber jetzt das umdenken, dass es cooler ist

Jutta 62 Rentnerin war 40 Jahre Lehrerin an einer Gesamtschule

Ja, doch ich gehöre zur Mittelschicht, aber die wird immer kleiner und die Unterschicht wird immer größer. Ich bin Rentnerin, hab 40 Jahre lang als Lehrerin gearbeitet. Man hat aber trotzdem die Schüler, die nicht aus der Mittelschicht kommen immer mehr absacken sehen in die Unterschicht als Hartz vier Empfänger, das habe ich so erlebt. Meine Tochter investiert viel in die Ausbildung der Kinder – viel Zeit und Geld und ich mache mit ihren Kindern viele kulturelle Ausflüge. Der Staat müsste da viel mehr anbieten, offene Einrichtungen, Ganztagsschulen, da sollten schon mehr Angebote stattfinden. Theaterbesuche,

Museumsbesuche, Musikunterricht, das findet nicht statt, das ist eine reine Aufbewahrung,   diese Ganztagsbetreuung. Der Staat muss in Bildung investieren, auch in Schulen, kleinere Klassen müssen sein, viel mehr Sozialarbeiter müssen in die Schulen rein damit man früh auffangen kann, aber das Gegenteil passiert. Was Eltern heute an Schulbücher selber kaufen müssen - wir haben früher jedes Heft und jeden Stift gekriegt was vielleicht auch übertreiben war. Aber wir haben nie einen Pfennig für Schulbücher bezahlt, es war alles da. Heute gibt es wesentlich weniger Kinder als früher, aber es wird viel zu wenig dafür investiert. Das die Kindergärten Geld kosten, die Studiengebühren sind hinzu gekommen, dadurch machen immer weniger aus ihrem Können als sie könnten. Kinder sind ein Armutsrisiko, eindeutig – wenn meine Tochter mich nicht hätte, weil ich jetzt in Rente bin, könnte die nicht berufstätig sein, garantiert nicht. Frankreich ist im Moment ein gutes Vorbild und die Skandinavischen Länder, was die an Kinderkrippen anbieten, das ist Lobenswert. Viele Schulen sind alt und ungepflegt. Die meisten Eltern kümmern sich nicht darum, die haben auch so viel mit sich selbst zu tun, sind sosehr beschäftigt, die sagen dann das geht schon, sicherlich auch an einigen Schulen das Eltern boykottiert haben und ihre Kinder nicht zur Schule geschickt haben. Aber dann müssen sie auch ihre Arbeit liegen lassen. Das Ganztagsangebot an vielen Schulen, fehlt, an ganz ganz vielen. Die Kinder gehen zum Fußballverein, Schwimmverein, zur Musikschule, das machen sie gerne. Heut müssen die Eltern sehr viel investieren in ihre Kinder. Heute kriegen die schon an der Grundschule Nachhilfe, das ist unmöglich. Ich sag mal, nicht das ein Lehrer das nicht auffangen könnte, ich denke es ist so, dass man keine Zeit für ein einzelnes Kind in einer Klasse mit dreißig Kindern hat. 45 Minuten Stunde, da ist für jedes Kind anderthalb Minuten Zeit, was soll der quatsch. Wenn nur nachgearbeitet wird, was in der Schule nicht geschafft wird, um die Tests zu bestehen, das kann es wirklich nicht sein. Die haben unheimlich hohe Gewinne gemacht die großen Firmen, aber in die Kinder wird nicht investiert.

Wenn ein ganz normaler Arbeiter seine 45 Jahre gearbeitet hat, weil er früh angefangen hat zu arbeiten, was der an Rente kriegt hinterher, das ist unglaublich wenig, da muss man schon zwei Renten haben, um so zu leben wie man vorher gelebt hat, Ich hab nämlich als Angestellte gearbeitet. Ich hatte fünfhundert Euro weniger als ich in Rente war. Das wären tausend Mark früher, das wär in meinem Arbeitsleben ein Einfamilienhaus geworden glaub ich. Die Lebenshaltungskosten sind einfach enorm gestiegen besonders die Mieten, die Nebenkosten, Benzin, wenn dann ein Auto noch da ist. Ich würde mir eine Umverteilung wünschen, ja tatsächlich, ich denke mal daran liegt das, es müsste eine Umverteilung stattfinden. Es gibt ja Leute, die verschieben das Geld. Vorher habe ich nicht gewusst, was das ist, wie man an so viel Geld so schnell kommen kann, da bleibt mir der Mund offen stehen. Vielleicht sind das auch Schwarzgelder, denn irgendwie kommt ja ein Steuerskandal nach dem anderen ans Licht und das sind dann doch immer die Millionäre oder Milliardäre. Die haben ja auch keine Angst erwischt zu werden, dann zahlen sie halt ein paar Millionen und dann ist gut. Der einfache Mensch, so wie ich, der hätte doch viel zu viel Angst erwischt zu werden ?

Marie Luise , 60 aus Hessen, Lehrerin. Das sind auch viele Kinder die aus den Unterschichten kommen. Die sitzen Nachmittags Zuhause vor dem Computer, machen Gewaltspiele und beschäftigen sich überhaupt nicht. Die müssten dringend aufgefangen werden. Da ist ein ganz großes Soziales Problem. Aber wo soll das Geld her kommen ? Es gibt Leute die viel viel weniger Steuern zahlen als früher, es ist ja auch früher viel mehr in Bildung investiert worden und in anderen Ländern wird auch mehr investiert, da wird viel mehr für die Kinder ausgegeben. Es ist ein toller Sport Steuern zu hinterziehen oder weiter zu senken. Wenn ich die Schule anschaue, wo ich arbeite, da ist seit über 30 Jahren kein Klassenraum gestrichen worden, und wenn dann haben das Eltern gemacht und die Lehrer. Stellen sie sich vor eine Firma, wo seit 30 Jahren nicht gestrichen wird, das kann sich kaum Jemand vorstellen, aber den Kindern mutet man das zu. Es wird nur noch alles zwei Tage geputzt , es ist einfach dreckig. Die Vorhänge werden nie gewaschen, da wird gespart. Die Fenster sind so dreckig. In der Mittagspause fangen die Kinder und Eltern an die Fenster zu putzen, denn die sind seit über einem Jahr nicht geputzt worden. Man schreibt Förderpläne, hat aber keine einzige Stunde mehr um zu fördern. Es wird geredet, viel geschrieben. Man hat vermehrt Arbeit. Es kommt aber nichts dabei raus, wir haben Programme aufgelegt, das muss gemacht erden, getestet, getestet, vom vielen wiegen wird die sau nicht fett, so ist das mit den ganzen Tests. Es wird nicht mehr investiert und für die Kinder ist nicht mehr Zeit da. Es gibt viel mehr Nachhilfe als früher. Früher gab es Nachhilfe am Gymnasium, aber heute an der Realschule und an der Hauptschule, das ist schon normal. Es gibt viele Leute die arbeiten – meine Tochter ist Mediengestalterin, die könnte alleine von ihrem Geld gar nicht leben. Wenn sie nicht mit ihrem Freund zusammen leben würde, dann könnte sie nicht über die Runden kommen. Sie wird so miserabel bezahlt. Sie verdient hundert Euro mehr als wenn sie von Hartz vier leben würde. Sie hat ja eine lange Ausbildung hinter sich und wird so miserabel bezahlt, das sie davon nicht leben kann, ist schon ein starkes stück oder ? Die Gehälter sind viel zu niedrig. Seit den neunziger Jahren sind die Steuern für große Firmen unheimlich zurückgegangen aber die kleinen Angestellten und Handwerker haben überhaupt nicht davon profitiert.

Heinrich. Abteilungsleiter verheiratet, zwei Kinder aus Heinsberg.

Ich habe mich immer aufgeregt über das was der Staat von mir verlangt, aber wenn ich noch spazieren gehen kann, ohne das einer mit dem Knüppel hinter mir steht, dann bin ich bereit diese Steuern abzugeben. Wenn ich dann selber dadurch auch noch Lebensqualität habe, dann bin ich dazu bereit. Wenn das System funktioniert, dann ist das mit den Steuern in Ordnung. Wenn ich uns in Relation zur Menschheit betrachte, dann gehören wir in Deutschland ohnehin zu den 5 Prozent. Wenn ich meine persönliche Situation betrachte, bin ich davon überzeugt dass es 99 Prozent schlechter geht. Ich habe schon Angst dass die Mittelschicht kleiner wird. Um uns persönlich mache ich mir keine Sorgen. Historisch betrachtet ist es uns persönlich immer besser gegangen. Wenn ich sehe wie ich aufgewachsen bin und wenn ich sehe wie meine Kinder aufwachsen, dann mache ich mir da keine Sorgen. Meine Mutter war bei Hartz vier Empfängern im Haus und die klagten weil die Kinder am Küchentisch Hausaufgaben machen mussten, aber ich habe nichts anderes gemacht. Wir hatten nicht viel Wohnfläche. Wir hatten drei Zimmer untervermietet. Wenn ich dann sehe, wie wir heute leben, wie viel Platz meine Kinder haben, wie ich aufgewachsen bin, das war alles viel einfacher, aber die Menschen waren nicht unglücklicher damals. Die haben mehr Zeit miteinander verbracht, ich bin mein Leben nicht in Urlaub gefahren, weil mein Vater meinte, das brauchen wir nicht. Später bin ich dann ins Zeltlager gefahren. Heute fahren manche Eltern mit ihren Kindern drei Mal im Jahr nach Mallorca, aber wenn ich diese Ansprüche habe, und ich muss dann runterschalten, dann wird das schwierig. Weltweit holen andere Länder auf und wir müssen wirtschaftlich einen Schritt zurückgehen. Das ist schwierig, oder aber wir versuchen im Wettbewerb auch wieder aufzuholen. Dann muss unser land so hervorragende Leistungen bringen, damit wir die anderen überholen können. Aber ich befürchte, wir haben den Zeitpunkt bereits verschlafen. Ich habe schon vor zwanzig Jahren gesagt, dass wir in Bildung investieren müssen. Wir hätten

Straßenbau zurückstellen müssen, und in Bildung investieren sollen, aber das haben wir nicht gemacht. Bildung, Bildung, Bildung, das ist der einzige Rohstoff den wir haben, aber das haben wir verpennt. Es gibt immer Weltbewegungen, trotzdem ist das entscheidende die Ausbildung der Bürger. Wir sind ganz klar eine Wissensgesellschaft, da geht es um Qualität im Kopf, sie entscheidet das rennen, wenn wir das Niveau, welches wir haben, halten wollen, geht das nur darüber, aber genau da versagt unser Staat. Jeder weiß - die ideale Größe einer Gruppe ist sieben. Wenn ich aber sehe, wie groß unsere Klassen sind, mit 35, dann wundere ich mich nicht, dass das nicht funktioniert. Die Klassenstärke müsste reduziert werden, dann könnte man bessere Erfolge erzielen. Der Lehrer kann noch so motiviert sein, wenn er 35 Schüler hat, dann versagt er. Wenn ich nur sieben Schüler habe, schwache und stärkere in einer Klasse, dann kann ich individueller die aufgaben verteilen. Aber mehr Lehrer, heißt mehr Geld, das muss investiert werden, das tut der Staat aber nicht. Das kann ich nicht verstehen. Wenn ich in die Bildung investiere, das Geld, das ich am Anfang investiere, hole ich mir ja dann wieder zurück, denn wenn ich den Kindern eine gute Ausbildung zukommen lasse, dann finanzieren sie den Staat ja wieder mit, wenn ich sie aber hängen lasse, dann muss ich sie ein Leben lang mitziehen als Sozialfall, das kostet viel mehr.

Stefan und Barbara, beide 38, zwei Kinder 4 und 6 Jahre alt. Leben im Ruhrgebiet.

Stefan: Was man merkt ist, das es den Leuten teilweise schwerer fällt Rechnungen zu bezahlen, auf einmal. Ich kucke jetzt nicht verstärkt auf die Preise, das machen wir nicht. Man muss Kompromisse machen. Ich arbeite am Gericht. Wir haben da ja auch Möglichkeiten was die Gebühren anbetrifft, das man da etwas günstiger ist als was die Gebührentabelle vorsieht, das man da halt flexibel und kooperativ sein muss, und was man merkt ist das vermehrt Leute Prozesskostenhilfe in Anspruch nehmen müssen, weil sie die Gerichtsverfahren selber, die Gerichtskosten nicht mehr bezahlen können. Das ist viel mehr geworden, das ist eine Kettenreaktion das sie selber halt auch auf Außenstände sitzen, das das Geld von den Leuten auch nicht so bezahlt wird wie sie sich das vorstellen. Wir haben ja diesen unabhängigen Job, wir können ja von vielen Seiten Geld verdienen, da mache ich mir keine Gedanken. Die Schere merkt man schon, den Konflikt, dass gewisse Leute immer mehr verdienen auf Kosten anderer. Ich bin kein Freund von Neiddebatten, aber man merkt schon das die Schere größer wird, man muss halt kucken das der Kitt haften bleibt, das man alles zusammen hält.

Was auf jeden Fall wichtig ist, das die Kinder Sprachen können müssen, um später eine Chance zu haben.

Barbara, Hausfrau: Wir sind zufrieden mit unserer schulischen Einrichtung, wo wir unsere Kinder hinschicken. Aber es geht schon in diese Richtung das Ghettoschulen sich heraus kristallisieren. Denn man merkt schon, dass die Schulen ein gewisses Klientel haben wollen. Da achten die drauf. Ich denke schon, dass das noch schlimmer wird, das glaube ich schon, leider. Man muss Eigeninitiative zeigen. Es ist ja kein Geld vorhanden für mehr Bildung, auch wenn es immer gefordert wird, aber es ist ja nicht möglich. Es gibt ja viele die rufen nach mehr Geld, aber mehr Geld kann man ja nicht produzieren. Ich denke, dass die Politiker da noch nicht die richtigen Prioritäten setzen. Andere Dinge sind wesentlich wichtiger. Ich denke man muss das Problem an der Wurzel anfassen, und das fängt bei den kleinen Kindern an. Ich denke schon das Ansätze kommen sollten, zum Beispiel auch Kindergartenpflicht für Ausländerkinder, denn bei uns sind immer weniger Ausländerkinder im Kindergarten. Es kann nicht sein das Kinder in die Schule kommen und noch kein Deutsch können. Kindergartenpflicht ist doch nichts Schlimmes. Ich sehe oft Kinder in der Stadt tagsüber in einem Alter wo ich denke, warum sind die nicht in der Schule. Das man auch vielleicht mischt. Das die Einrichtungen darauf achten, dass sie aus allen Schichten Kinder zusammenbringen. Unsere Kinder haben auch ausländische Freunde und sind auch da Zuhause und sehen auch wie die Leben. Die interessieren sich auch wo die herkommen, dass man das auch auf den Globus zeigt. Wir sind ja doch Multikulti mittlerweile, ein miteinander, vielleicht wird dann ja auch die Schere nicht mehr so weit auseinandergehen.

Stefan: Wenn Dinge im Kindergarten gemacht werden sollen, das Zimmer im Kindergarten gestrichen werden sollen, da ist Eigeninitiative der Eltern gefragt oder wo ein Förderverein für Bücher gegründet wird, das man da zusammen etwas macht, wo der Staat oder die Stadt kein Geld hat. Man sieht ja doch das jetzt große Geldmengen zur Verfügung gestellt werden, um gewissen Institutionen zu helfen. Da wundert man sich, dass in anderen Bereichen überhaupt nichts gemacht wird. Wir sind Engagiert, ich war noch nie ein Pessimist, ich kucke immer nach vorne, ich mache mir keine großen Sorgen, ich glaube das der Mensch in der Lage ist Dinge zu erkennen. Die Mittelschicht ist wichtig, wenn es nur oben und unten gäbe, dann gäbe es keine Verbindung mehr. Aber es ist schwer zu sagen wie man die Mittelschicht definiert. Wo ich schon Probleme sehe, das ist bei dem produzierenden Gewerbe, der Arbeitsplatzschwund, der Konkurrenzkampf zwischen Leiharbeitnehmern und Festangestellten. Die einen sind Arbeiter zweiter Klasse. Die vergleichen, die einen verdienen mehr und da ist viel Sorge, und da sind auch viele Ängste. Da aus der Perspektive kommt es an ob man Sorge hat, oder keine Sorge hat. Aber ich denke, das da auch der Bundespräsident sich einen Ruck geben muss und man muss dieses „wir“ Gefühl und Gemeinsamkeiten entdecken und nicht immer nur nach Gewinnmaximierung zielen und sagen wir sind aber diejenigen die ein Unternehmen aufrechthalten und uns steht ein Millionenbonus zu. So kann man auch nicht mehr denken. Das gilt für alle Schichten, ich finde diese Neiddebatten unerträglich. Wenn Jemand sagt: „Was leistet eine Bundeskanzlerin, die verdient viel zu viel Geld" dann kann ich nur sagen: dann mache es doch. Jemand der gute Arbeit leistet kann auch Geld verdienen, da muss man auch nicht neidisch sein, auch wenn die Chancen da hoch zu kommen ungleich sind. Wir haben Leistungsdenken das ist in uns drin, deshalb wird es auch immer Schichten geben. Man strebt ja immer nach oben und nicht nach unten.

Barbara: Das fängt für mich bei den Kindern an, dass die das denken lernen, das es das nicht gibt ein oben und unten. Das man den Kindern erklärt, das jeder Mensch gleich ist und das wir alle die gleichen Rechte haben, das ist eine Erziehungsfrage.

Manfred, 53 Jahre, aus NRW

Ich selber gehöre nicht zur Mittelschicht. Ich bin seit 1984 arbeitslos. Ich lebe am Rande der Gesellschaft. Da ich dieses System von Ausbeutung ablehne, habe ich mich nie in einen Arbeitsprozess begeben. Meine Eltern haben immer versucht zur Mittelschicht zu gehören und das hat mir nie gefallen, weil…. dieses streben nach nem eigenen Haus. Dadurch ist den Kindern viel verloren gegangen an Aufmerksamkeit, weil es erst mal hieß, viel zu arbeiten, so dass ich meinen Vater nur am Wochenende gesehen habe. Mir wär lieber gewesen, ich hätte meinen Vater öfter gesehen. Ich wäre dann auch mit einer Wohnung zufrieden gewesen, anstatt das da nun so ein Haus steht. Ich habe mal eine Lehre gemacht als Tischler, habe auch mal eingeschrieben gestanden für ein Studium, wegen dem BAföG. Ich habe nie Möglichkeiten gehabt mir eine Werkstatt aufzubauen, wo auch eine Maschine zur Verfügung stand. Für mich ist die Gesellschaft Horror, jeden Morgen wieder, wenn ich aufstehe. Mein Vorschlag ist, dass von der UNO her festgeschrieben wird, das wir Menschen Individuen sind und aber auch Teil des Ganzen. Mir geht es auch da drum, das dieses Bewusstsein, diese heutige Entwicklung einseitig nur dem Geld hinterherzujagen, individualistisch nur den eigenen Vorteil hinterherzujagen, das zerstört den ganzen Planeten. Das kann ich nur ablehnen. Ich kann nicht mit diesen Menschen zusammenarbeiten, wo es nur um Egoismus geht, und darum sich gegenseitig zu mobben und fertig zu machen. Da halte ich mich von fern. Ich habe mich entschieden selber in diese Welt keine Kinder zu setzen. Ich habe versucht etwas zu verändern durch politische Arbeit, Arbeitskreis Umwelt und Demonstration gegen Gorleben, aber bin da mit dem Staat konfrontiert worden, mit einem 129a Verfahren, so dass ich neun Jahre lang beobachtet worden bin und mit zehn weiteren Personen angeklagt worden bin als Terrorist und wo wird dann alle elf freigesprochen worden sind. Wo es nur darum ging kritische Tendenzen, Bewusstseinsprozesse in dieser Gesellschaft abzublocken wie es damals von einem Bundesanwalt vom BKA gesagt worden ist. Den Widerstand im Keim zu ersticken. Da bin ich von meiner Geschichte her mit konfrontiert worden. Ich habe später gemerkt, dass meine Altersgruppe dann geheiratet hat, Kinder bekommen hat, einen Beruf angefangen hat. Das diese Welt sich so verändert hat, das rein mit militärischen Mitteln versucht wird Widerstand zu ersticken und die Menschen sich entfremden, so das es heute sehr schwer ist sich zusammenzufinden und Bewusstseinsprozesse wieder anzustoßen. Ich lebe selber anders und halte mich da raus, habe aber auch gemerkt das dieses entziehen auch nicht hilft. Die Situation in der Gesellschaft verändert sich durch mein Verhalten nicht, das habe ich gemerkt. Ich muss jetzt entscheiden in wie weit ich mitmache um mich nicht ganz zu isolieren und dann aber Dinge anspreche um meine Identität nicht zu verlieren. Ich habe mir lange Zeit etwas versprochen vom Internet als globales Kommunikationsnetz, um in Kontakt zu treten mit Menschen mit denen ich normalerweise nicht kommunizieren kann. Ich habe Mal versucht in Spanien zu leben, habe dann aber gemerkt, das es Grenzen gab in der Kommunikation weil mir die Vokabeln fehlten um Sachen auf den Punkt zu bringen. Bin dann zurückgekommen mit dem Willen hier Menschen zu erreichen, aber das habe ich nicht geschafft. (vor acht Jahren ist Manfred aus Spanien zurückgekommen).

Das Internet wird derartig kontrolliert. Auch wenn das Maschinen sind. Man kann die Personen eins zu eins nachverfolgen. Wenn die Inhalte nicht rüberkommen sollen, dann wird das abgeblockt. Das diese Kluft zwischen Arm und Reich immer größer wird, das einige mit zig Milliarden den Rest der Welt kontrollieren. Dass es da nicht drum geht um ein miteinander hier in der Welt aufzubauen. Dass es da bei einigen nur um den persönlichen Vorteil geht und das sie das mit ihrer Wirtschaftsmacht durchzusetzen versuchen ohne Rücksicht auf Verluste.

Die Mittelschicht ist mir persönlich egal. Vom Kern her geht es um den Konflikt um Egoisten und von Menschen die ein miteinander organisieren wollen.

Helmut Sion, Steuerberater, aus Aachen

Im Jahr 2008 ist die Unternehmenssteuerreform verabschiedet worden. Damit wollte man das deutsche Steuerrecht für den Mittelstand im internationalen Vergleich attraktiver machen. Das heißt, man wollte die Steuern senken. Zwar sind die Steuersätze gesenkt worden, doch die Ziele sind nicht erreicht worden. Jedoch erfolgte durch Gegenfinanzierungsmaßnahmen eine Verbreiterung der Bemessungsgrundlage, so dass es größtenteils zu keiner wirklichen Steuerentlastung kommt. Im Gegenteil, durch die Neuregelung wird das Steuerrecht noch komplizierter. Beispiel: Eine Kapitalgesellschaft, kleine GmbH, oder Personengesellschaft, Einzelunternehmen, die zählen zu dem Mittelstand. Im Rahmen der Unternehmenssteuerreform 2008 wird die Unternehmensbelastung von GmbHs deutlich gesenkt. Durch eine Verringerung des Körperschaftssteuersatzes von 25 Prozent auf 15 Prozent und die Senkung der Gewerbesteuermesszahl von maximal 5 Prozent auf einheitlich 3,5 Prozent verringert sich nach den Vorstellungen des Gesetzgebers die nominale Belastung der Unternehmersteuergewinne von bisher je nach gewerbesteuerlichen Hebesatz von bisher 38 bis 39 auf nunmehr 29,83, da haben wir eine echte Senkung des Steuersatzes, eine echte Senkung. Gleichzeitig ist aber ab dem Veranlassungszeitpunkt 2008 der steuerliche Betriebsausgabenabzug für die Gewerbesteuer und die darauf entfallenen Nebenleistungen ausgeschlossen worden. Bisher konnte man die Gewerbesteuer absetzen, aber jetzt nicht mehr. Da hat man zwar die Steuern gesenkt, aber andererseits wollte man eine Gegenfinanzierung haben und da hat man Dann gesagt: die Gewerbesteuer kann man nicht mehr als Betriebsausgaben absetzen. Insgesamt ist die Steuerbelastung bei der GmbH 29,83 Prozent, also rund 30 Prozent bei einem Hebesatz von 400 Prozent. Davon sind die Politiker ausgegangen. Dabei hat man aber nicht daran gedacht, das die meisten einen Hebesatz von mehr als 400 Prozent haben. München hat 490 und Aachen hat etwa 450 damit liegt man mit der Gesamtbelastung über 30 Prozent. Beträgt der Hebesatz aber 440 dann leben wir bei einer Belastung von 31,23 Prozent, und bei 460 Belastung von 31,98 Belastung für die GmbH, rein Körperschaftsteuer und Gewerbesteuer. Und bei 490 liegen wir bei 33 Prozent Gesamtbelastung. Die großen Internationals können ja auch die Gewinne verschieben durch Holdinggesellschaften. Was drückt sind die Sozialabgaben. Die werden immer höher, jetzt wollen sie ja wieder die Krankenkassenbeiträge erhöhen. Sozialabgaben und Steuern zusammen, da geht die Hälfte weg. Die hohen

Sozialabgaben, das drückt. Jetzt ist der Gesetzgeber gefragt, da was dran zu tun.

Was könnte man ändern, damit die Mittelschicht stabiler wird ?

Die Gewerbesteuer soll ganz wegfallen. Das würde die Mittelschicht entlassen. Die Einkommensteuer und Gewerbesteuer hat man schon runtergesetzt und ich würde sagen die müssen noch mehr runter so bis auf 15 bis 20 Prozent.

Wir leben in der Welt der Globalisierung, manche Länder kennen die Gewerbsteuer nicht, die Betriebe werden also belastet und können das nicht weitergeben, denn die Preise werden am Markt gemacht. Wenn die Gewerbesteuer wegfällt, dann wäre der Mittelstand entlastet. Und die

Lohnnebenkosten müssen unbedingt runter, da liegen die größten Kosten.

Ansätze sind da: Bei den kleinen Leuten ist schon eine Entlastung vorgenommen worden, es sind ja viele die überhaupt keine Steuern mehr zahlen.

Der Bürokratismus muss abgebaut werden, wenn ich hier junge Unternehmer habe und die wollen sich selbstständig machen, und die hören was die alles machen müssen, dann kriegen die so einen Hals, dann haben die gar keine Lust mehr auf eine Selbstständigkeit.

Bei der Gewerbesteuer kommt noch eine Hinzurechnung zum Gewinn. Das nennt man den Gewerbesteuergewinn und zwar Entgelte verschuldet. Nehmen wir eine GmbH, einen Mittelständler. Der hat einen Gewinn von 40.000 Euro. Das heißt Umsatz minus sämtlicher Kosten. Dann werden noch einige Hinzurechnungen bei der Gewerbesteuer, die Zinsen mit 25 Prozent, die kommen hinzu. Miet- und Pachtzinsen, zum Beispiel Leasingzinsen oder Computer. Da werden von den Leasingkosten noch 5 Prozent hinzugerechnet zu dem Gewinn. Das sind dann versteckte Steuererhöhungen. Hier gibt man was, und auf der anderen Seite um eine Gegenfinanzierung sicher zu stellen, nimmt man wieder etwas. Wenn der Mittelständler hingeht und sagt: ich will den Gewinn nicht entnehmen, hat er einen ermäßigten Steuersatz von 29,80 Prozent, dazu kommt die Kirchensteuer. Andererseits ist die Gewerbesteuer nicht mehr abziehbar als Betriebsausgabe. Kommt man bei einem Einkommenssteuersatz von 45 auf 36,20 und wenn man nicht mehr entnimmt 29,80 das ist zwar eine echte Entlastung, ist aber immer noch zu hoch. Weil man sie nicht mehr abziehen kann, ist also die wirkliche Belastung 36,20 Prozent. Die gezahlte Gewerbsteuer kann man zum Teil von der Einkommenssteuer abziehen. Die Belastung liegt also noch immer über dreißig Prozent. Es ist schon eine Ermäßigung, aber es ist auch kompliziert geworden, nicht abziehbar als Betriebsausgabe, aber bei der Einkommenssteuer ist ein Teil anrechenbar. Das ist doch verrückt. Man soll die Gewerbesteuer ganz abschaffen und dann hat man ein einfacheres System. Letztes Jahr war ein gutes Jahr bis zur Mitte für die Handwerker. Jetzt merken wir, dass die Leute kein Geld haben, 2010 war ein gutes Jahr. Fußballweltmeisterschaft, Volkswirtschaft hat auch viel mit Psychologie zu tun. Da gab es so eine Euphorische Stimmung, da wurde kurzfristig mehr gekauft. Die Volkswirtschaft wird durch den Konsum angetrieben, denn die Unternehmen fahren dann Gewinne und die werden investiert, hat früher immer mein Professor gesagt, also den Konsum müssen wir aufrecht erhalten. Aber dann gibt es auch noch den Export, beides muss da sein mit dem Exportüberschuss. Was die Politiker sagen, das ist Volksverdummung, weil von dem Exportüberschuss, da muss ich die Vorleistungen abziehen, zum Beispiel in Brasilien. Die bringen doch hier nichts.

Wenn eine Firma zum Beispiel einen Exportüberschuss hat, dann muss ich die Vorleistungen von Teilen die in Brasilien hergestellt wurden, abziehen, nur die sogenannten Nettoexportüberschusse bringen hier Impulse. Was bringt mir das, wenn ich Exportüberschuss habe, und die meisten Teile wurden in Brasilien hergestellt. Das bringt nichts, das ist Volksverdummung. Man muss mehr machen um die Leute zum kaufen zu bringen, das sagt Lafontaine, da hat er recht, das haben wir schon im ersten Semester gelernt. Ich habe gestern mit Jemandem gesprochen der baut Möbel auf, Oktober fing schon das Weihnachtsgeschäft an und das hat sich dann im November und Dezember gesteigert, aber in diesem Jahr ist nichts zu tun, die Leute haben kein Geld. Auch der Euro trägt dazu natürlich bei, die Löhne wurden halbiert und die anderen haben fast eins zu eins draufgeschlagen. Das ist so, auch bei den Lohnnebenkosten und was wirklich Auswirkungen hat, sind die Benzinpreise und die heimlichen Nebenkosten beim Wohnen zum Beispiel Heizkosten. Das werden wir in den nächsten Jahren noch stärker merken.

Wenn bei einer GmbH ausgeschüttet wird, dann besteuert die GmbH 15 Prozent der Gewinne. Wird ausgeschüttet an die Aktionäre müssen die mit 48, 33 Prozent versteuern, wenn ich Anteile habe, will ich davon leben. Wenn Einzelunternehmer durch Entnahmen nachbelastet werden, steigt der Steuersatz, das ist viel, das ist Mittelstandpolitik, aber nur wenn ausgeschüttet wird. Bleiben die Gewinne im Betrieb dann liegt er so bei 30 Prozent. Das sind versteckte Steuererhöhungen. Mein Vorschlag ist es die Gewerbesteuer für Kapitalgesellschaften und Personengesellschaften abzuschaffen. Es ist dann auch transparenter für die Kalkulation. In München der zahlt mehr Gewerbesteuer als der in Aachen, der muss also anders kalkulieren, da ist also keine Transparenz.

Bei der Ermittlung der Summe der Einkünfte sind zunächst jeweils die Summen der Einkünfte aus jeder Einkunftsart, dann die Summe der positiven Einkünfte zu ermitteln. Die Summe der positiven Einkünfte ist soweit sie den Betrag von 100.000 deutsche Mark, jetzt 51.500 Euro übersteigt durch negative Summen der Einkünfte aus anderen Einkunftsarten nur bis zur Hälfte zu mindern. Die Minderung ist in dem Verhältnis vorzunehmen in dem die positiven Summen der Einkünfte aus verschiedenen Einkunftsarten zur Summe der positiven Einkünfte stehen. Übersteigt die Summe der negativen Einkünfte den nach Satz 3 ausgleichsfähigen Betrag sind die negativen Summen der Einkünfte aus verschiedenen Einkunftsarten in dem Verhältnis zu berücksichtigen indem sie zur Summe der negativen Einkünfte stehen, bei Ehegatten die nach dem Paragraphen 26b zusammen veranlagt werden sind nicht nach den Sätzen 2 bis

5 ausgeglichene negative Einkünfte dessen einen Ehegatten dem anderen Ehegatten zuzurechnen soweit sie bei diesen nach den Sätzen 2 bis 5 ausgeglichen werden können. Können negative Einkünfte dessen einen Ehegatten bei dem anderen Ehegatten zu weniger als 100.00 Mark, 51.500 Euro ausgeglichen werden, sind die positiven Einkünfte des einen Ehegatten über die Sätze 2 bis 5 hinaus um den Unterschiedsbetrag bis zu einem Höchstbetrag von 100.000 Mark jetzt 51.500 Euro durch die noch nicht ausgeglichenen negativen Einkünfte dieses Ehegatten zu mindern, soweit der Betrag der Minderungen der beiden Ehegatten nach den Sätzen 3 bis 6 den Betrag von 200 000 Deutsche Mark 103 000 Euro zuzüglich der Hälfte des den

Betrag von 200.000 Deutschen Mark jetzt 103 000 Euro übersteigenden Teils der zusammengefassten Summe der positiven Einkünfte beider Ehegatten nicht übersteigt. Können negative Einkünfte des einen Ehegatten bei ihm nach Satz 3 zu weniger al 100.00 Deutsche Mark 51500 Euro ausgeglichen werden, sind die positiven Einkünfte des anderen Ehegatten über die Sätze 2 bis 6 hinaus um den unterschieden Betrag bis zu einer Höhe von 100.000 Mark 51.500 Euro durch die noch nicht ausgeglichenen negativen Einkünfte des einen Ehegatten zu mindern soweit der Betrag der Minderungen bei beiden Ehegatten nach den Sätzen 3 bis 7 den Betrag von 200.000 Deutsche Mark (103.000 Euro) zuzüglich der Hälfte des Betrags von

200.000 Deutsche Mark (103000) Euro übersteigenden Teils der zusammengefassten Summe der positiven Einkünfte beider Ehegatten nicht übersteigt.

Politikwissenschaftler Manfred Schmitz ehemals RWTH Aachen

Zuerst einmal ist die Frage, wie definiert man Mittelschicht, macht es überhaupt Sinn ein solches Schichtenmodell zu haben. Darüber kann man stundenlang diskutieren, soll das nach der Ausbildung oder nach dem Einkommen definiert werden. Zum Beispiel gehört hier eine unserer Assistentinnen, die meistens auf eine halbe Stelle sitzt und maximal eintausend Euro Netto verdient im Monat, gehört sie zu der Mittelschicht oder gehört der

Metzgermeister um die Ecke zur Mittelschicht ? Hier kollidieren Ausbildung und Qualifikation mit Einkommen. Bei manchen stimmt beides, Ausbildung und Einkommen, zum Beispiel im medizinischen Bereich, soziologisch genießt auch ein Medizinprofessor viel mehr Ansehen als ein Professor der Politikwissenschaft. Das ist kulturell gewachsen und hat nichts mit der tatsächlichen Einordnung zu tun. Einem Medizinprofessor wird immer noch so ein Status wie Halbgott in Weiß angemessen. Ich denke Mal, das nach außen hin von den Accessoires Auto, Haus, Reisen, zum Beispiel oder Schmuck der Ehefrau, Männer tragen ja höchstens eine tolle Uhr, das wahrgenommen wird, das man damit zeigt, das man zur Mittelschicht gehört und weniger was bist du wirklich von deiner Qualifikation her. Wer einen dicken BMW fährt, der ist was, das denken die Leute. So funktioniert das System. Es gibt ja mittlerweile auch viele die in schwierigen, finanziellen Situationen leben, und da sind viele gut ausgebildete drin. Wir haben ja nicht die Situation wie ich sie erlebt habe, der 44 geboren ist, dass man drei Bewerbungen losgeschickt hat, und konnte dann auch an drei Stellen angefangen, sondern heute ist ja ein enormer Verdrängungsprozess im Gange um sozusagen die Filetstücke im Beruf und Ausbildung. Dieses Verfahren hat längst angesetzt, und ich nenne dass, das Prinzip der letzten Mohikaner. Das führt dazu, dass wir noch nie eine so angepasste Gesellschaft hatten, die glaubt durch Anpassung kann sie überleben. Da gibt es kein Aufmucken , wenn ich mir unsere Studenten von heute ankucke, da gibt's im Grunde kein Aufmucken. Aber die Anpassung, das ist gerade für ein Fach Politikwissenschaft nicht wünschenswert, nachvollziehen kann ich das aber. Ich kann die Situation natürlich nicht gutheißen. In dem Moment, wo ich Alleinerziehend bin und vielleicht nur noch eine halbe Stelle habe, stehe ich mich schlechter, oder wo die Umstrukturierung der Vergütung in den Hochschulen begonnen hat, mit einem anderen Tarifvertrag, also nicht mehr BAT, stehen sich die neuen, die jetzt eingestellt werden bedeutend schlechter, als ich früher, als ich eingestellt wurde. Das ist zwar nicht Hartz IV und immer noch geklagt auf einem höheren Niveau bezüglich der unteren Einkommensschichten, aber es hat sich deutlich verschlechtert für die Hochschulangestellten. Ich habe früher Hörergebühren bekommen. Früher wurden die Magisterprüfungen, heute Bachelor Master, wurden bezahlt, das bedeutete für mich früher 5000 Mark im Jahr mehr. Das war ein Jahresurlaub mit vier Personen. Letzten Endes bedeutet das heute hat man weniger im Portmonee oder vergleichen wir Mal damals die Essensmarken. Pro Tag eine Mark Zuschuss zum Essen. Wenn man nicht zum Essen gegangen ist, konnte man das umtauschen in Zigaretten, Schokolade, das war ja immer noch reales Einkommen. Das ist heute alles entfallen. Klar versucht man immer gesellschaftlich einen revolutionären

Rahmen abzuschöpfen, damit es eben nicht zur Unruhe kommt, eigentlich wäre eine solche Situation wie wir sie jetzt haben Grund genug damit sich mal die Bevölkerung auflehnt. Tut sie nicht, weil sie nur Anpassung gewohnt ist. Aber man könnte sich fragen ist das jetzt ne Finanzkrise, Bankenkrise. Nein es ist eine Krise des Systems, um mit Marx zu sprechen: noch nie hat die Fratze Kapitalismus ihr Gesicht so deutlich gezeigt wie jetzt, nur die Leute nehmen es eigentlich nur dann wahr, wenn es ihre eigene Brieftasche betrifft. Ich glaube schon das bestimmte Ängste da sind. Ich stelle es bei mir fest, ich werde nicht ins Bodenlose fallen. Ab 1. 4. habe ich netto 700 Euro weniger. Früher kriegte man als Professor hundert Prozent, auch nach der Pensionierung.

Dann war das die normale Gratifikation mit siebzig Prozent und jetzt hat man nicht mal mehr 70 Prozent, auch wenn man mehr als 35 Jahre gearbeitet hat. Meine Tochter die ist Lehrerin für Mathe und Sport, die ist in Baden Württemberg geblieben weil sie dort direkt verbeamtet wurde. Das zeigt schon, wer jetzt drin ist, hat Glück gehabt der braucht sich keine Gedanken zu machen oder klagt auf höherem Niveau. Aber die nicht drin sind, die sehen ja auch mit zunehmendem Alter ihre Chancen dahingehen. Meine Freundin, die Mutter von meinem sechsjährigen, die hat ausgesetzt als der Kleine ein Baby war, und die hat jetzt mit 43 Schwierigkeiten in Köln wieder irgendeinen Job zu kriegen. Jetzt macht sie in Düren einen Integrationskurs Deutsch für 15 Euro die

Stunde. Das sind die Behelfstellen, da muss man ja schon 50 Stunden pro Woche arbeiten um auf ein vernünftiges Gehalt zu kommen.

Wir waren auch angepasst aber der glückliche Umstand der 68er war, dass da einfach ein Bruch angesagt war. Wir hatten die Nazivergangenheit noch nicht aufgearbeitet, es war allerhöchste Zeit sich von dieser Vergangenheit loszusagen, da kam hinterher dieser dicke Stamm zu tragen. Das war eine glückliche Situation die sieben, acht Jahre gedauert hat, dann war alles schon vorbei. Ende der siebziger Jahre war das auch schon vorbei, das jeder in den Schuldienst kam. Als ich fertig war, da war das zunächst so, das jeder eine Stelle bekommen hat, egal ob der mit 3 oder 4 bestanden hatte. Dann kam der in den

Schuldienst und drangsaliert heute noch unsere Kinder. Das war eine glückliche Zeit, der jenige der protestiert hat, hatte keine negativen Sanktionen zu befürchten. Das war die Zeit als hier die konservativen abgeduckt sind, und die sind verschwunden nach Wien zum Beispiel. Heute haben wir im Grunde wieder die alte Professorenheiligkeit. Aachen war eine der ersten Universitäten wo alle Mitspracherecht hatten, das was wir 68 als Hochschule gewollt haben, ist längst wieder den Bach runtergegangen. Das hat man aber immer in Zeiten der Anpassung. Wenn ich heute eine Studentin frage was sie will, dann will sie heiraten. Die wollen wieder heiraten, altbewährte Konzepte – die Frauenbewegung hier in Aachen, wenn ich daran denke so Maxstraße,

Frauencafé, kein Mann durfte da rein, heute ist das undenkbar. Damals bewusste Verdeckung der Reize. Heute ist das Gegenteil der Fall.

Das ist eher ein Hinweis darauf, wie weit es mit dem Kapitalismus kommen kann, da es ja kein alternatives System gibt auf dieser Erde, auch in Kuba nicht, man hat keine Alternative dazu. Trotz allem ist es dem Kapitalismus ja gelungen, natürlich unter Ausbeutung großer Teile der Welt, aber für den Rest der Welt, für die erste Welt einen Wohlstand bis zu einem bestimmten Maße zu garantieren auch mit Bundessozialhilfegesetz, auch mit Hartz IV und dieses System zu Fall zu bringen, da müssten wirklich alle Banker in New York aus dem Fenster gesprungen sein. Vielleicht hat Keynes 1929 in seiner Einschätzung Recht gehabt, wir hatten noch nie eine so hohe Verkaufszahl von Marx Bänden wie zur Zeit, weil seine Analyse der Nationaleconomie durchaus Sinn macht. Da sieht man wieder, in der Not greift man dann wieder dahin. Der Kapitalismus hat ja die wunderbare Eigenschaft – bitte satirisch gemeint - sich zu regenerieren, das man jetzt überall auf der Welt zu Stützungsmaßnahmen greift. Man könnte ja sagen, wir lassen die Sau jetzt Mal richtig in die Scheiße laufen – tut man aber nicht, immer unter dem Vorwand, wir müssen ja die Arbeitsplätze sichern, wir müssen etwas für den kleinen Mann tun. In Wirklichkeit tut man ja nichts für den kleinen Mann, was hat der davon, wenn ihm über Steuern Gelder entzogen werden, die steckt man in Opel rein, er muss aber gleichwohl mehr Geld aufwenden um sich überhaupt einen Opel kaufen zu können, und hinterher – vor einigen Jahren als Gerhard Schröder als der große Retter dastand – ist trotz der ganzen Subventionen, trotz der Förderungsmaßnahmen das Unternehmen futsch und wir haben umsonst gespendet um es mal so auszudrücken – oder bei Nokia – die machen doch kaltlächelnd die Bude zu, wenn die irgendwo auch nur drei Prozent mehr Profite erreichen können, die gehen dann nach Rumänien und machen da ihre Bude auf, streichen aber hier die ganzen Subventionen ein, und im Grunde genommen haben diese ganzen Förderungsprogramme weltweit genau diese Funktion. Sie stützen den

Kapitalismus. Wir werden noch sehen. Das geht noch ganz tief runter, so vorsichtige Andeutungen findet man jetzt schon, da wird dann auch dieses Mittelschichtmodel wieder Schaden leiden, das heißt die Mittelschicht wird deutlich weniger werden.

Wir hatten zu meiner Zeit, also ich Studiert habe acht Prozent, maximal zehn Prozent Arbeiterkinder die studiert haben, heute studieren viel mehr Kinder von Leuten die früher nie studiert hätten, aber sie haben gleichwohl weniger Chancen einigermaßen ihren Lebensstandard zu sichern, dahin zu kommen wo ihre Eltern schon waren, nämlich Mittelschicht. Ein Arbeiter der einen sicheren Arbeitsplatz hatte, der dreißig Jahre in der Zeche gearbeitet hatte oder bei Opel, in Bochum abreiten durfte, der hatte eine Position erreicht, die seine Kinder wahrscheinlich nie haben werden. Die Kinder sind natürlich Produkte ihrer Zeit, man kann sagen, wir hatten früher weniger, wir waren mit weniger zufrieden, aber man hat denen ja permanent Angebote gemacht. Meine Kinder aus der ersten Beziehung, die waren gewohnt, wenn Schulferien waren, meine Frau war auch Lehrerin, dann fuhr man in Urlaub, das war sozusagen eine Aneinanderreihung von Osterurlaub, Sommerurlaub, Skiurlaub, dann ist es schwer zu glauben das es auch eine Situation ohne diese Urlaube geben könnte. Man fuhr immer ein Auto oberhalb der Golfklasse, das Haus wurde abbezahlt, es gab ein doppeltes Einkommen und da musste man nicht groß überlegen.

Es gibt keine Gefahr das die Leute auf die Barrikaden gehen, wir sind zu sehr angepasst, dazu gehört ja auch eine angelernte Kritikfähigkeit, die haben wir nicht mehr. Punktuell aber schon, wenn man jetzt ins Wendland kuckt, Gorleben, man kommt dann, wenn man direkt betroffen ist. In den 68 Jahren war diese glückliche Zeit der Politisierung, da haben wir auch gesehen, es bewegt sich etwas, es gab die Hochschulreform und wir hatten Vietnam und alles mögliche, in der deutschen Innenpolitik hatten wir Radikalenerlass unter Willy Brandt, dann die Öffnung nach Osten, wir sahen schon, es bewegte sich was und heute bewegt sich nichts und wenn, dann nur rückwärts, auf die Talzone zu und das ist der Unterschied. Ich denke, das man viel zu wenig macht in Richtung Bildung und

Ausbildung, aber auch dieses Fass wäre schnell voll, wenn ich keine Chance danach hätte. Wir haben eine Anzahl von Hochqualifizierten, die auch schon ins Ausland abwandern, die gehen in die USA, weil sie da besser bezahlt werden. Man müsste Förderungsprogramme machen für Leute die einen Berufseinstieg suchen, die qualifiziert sind, das ist natürlich immer etwas schwieriger bei einem solchen Wirtschaftssystem. Man wird nie solche Programme machen können die bestimmen wie ein Wirtschaftsunternehmen funktioniert, das funktioniert nach seinen eigenen Regeln und nicht wie die Politik. Im Grunde ist der Zugriff immer schwieriger geworden in dem Augenblick wo globales Denken dazukommt und wir relativ spät darauf reagiert haben von der Gegenseite. Sie hatten die EU, da gab es die ersten Versuche Gewerkschaften international zuzuordnen und heute wo die Unternehmen weltweit operieren, da hat man ja überhaupt keinen Überblick mehr, wem gehört was und deshalb wird es auch immer schwieriger. Das ist keine Prophezeiung, sondern, das kann man wohl schon als Befund hinstellen, die Mittelschicht wird ausdünnen, wenn jetzt die Rezession eintritt, die ich jetzt vermute, die die Rezession von 1929 bei weitem übertrifft, dann haben wir ne ganz ausgedünnte Mittelschicht oder man muss Mittelschicht anders definieren, das ist dann auch immer die Rettung.

Sozusagen wird uns jetzt eingebleut, wir würden über unsere Verhältnisse leben, stimmt doch gar nicht, wir haben die Verhältnisse gelebt, die uns vorgelebt waren, die uns möglich waren, wir hatten die finanziellen Ressourcen und sind in Urlaub gefahren, wir haben uns Elektronikartikel gekauft, wir haben gebaut, wir haben ein größeres Auto gekauft und und und, das geht jetzt nicht mehr und schon kommen die Chefideologen und sagen uns, ihr müsst die Gürtel enger schnallen, das ist natürlich total unglaubwürdig, weil diejenigen die das sagen meistens ja nicht die Gürtel nicht enger schnallen. Das ist in der Tat die Verbreitung von vielen Meinungen, wir hätten über unsere Verhältnisse gelebt, nee, ich habe so gelebt wie es die Situation damals möglich gemacht hat, das ist doch schön. Typisches Kennzeichen der Mittelschicht ist auch das sie im Grunde genommen, sich ohne Überlegung, kurzfristig für Vergnügen oder anderes entscheiden konnte – zur besten Zeit konnte ich sagen – du da ist ein gutes Konzert, lass uns mal nach Stockholm fliegen, da waren auf einen Schlag siebenhundert Mark weg, aber dat war drin ohne das es irgendwo weh getan hätte, ohne dass man irgendwo hätte rechnen müssen. Ich bin ein sehr spontaner Mensch, und was mache ich jetzt als Gegenstück dazu ? Ich habe mal angefangen meine Mitgliedschaften, eine Patentschaften in Vietnam, Brasilien, ADAC Mitgliedschaft, Rechtschutz, durchzuforsten, brauche ich das ?

gestrichen – das ist ja schon ein typisches Kennzeichen, wenn ich einen Euro weniger habe, dann fange ich an zu rechnen, manche treten dann aus der Kirche aus, all dies, Leute parken nicht mehr im Parkhaus sondern auf der Straße und, und, und alle fangen plötzlich an zu rechnen, und das ist ein typisches Merkmal für die finanziellen Einschnitte die man zu erwarten hat, wenn man so einigermaßen seinen Lebensstandard retten will, dann kürzt man zuerst bei den Dingen die man früher nicht für überflüssig gehalten hat, die sozusagen mit zur Ausstattung gehörten, natürlich ist es schön wenn man weiß, ich bin im Rechtschutz, das gehörte zur Ausstattung der Mittelschicht. Jetzt fängt man an die Ausstattung sozusagen zusammen zu streichen. Man wird sich überlegen ob man noch zu vier Personen Essen geht, man ist dann direkt hundertzwanzig, hundertdreißig Euro los, wenn man nicht direkt in eine Frittenbude geht. Alles, Geburtstage, Weihnachtsgeschenke, da wird gespart. Beispielsweise Belgien, dass die Senioren da umsonst fahren, oder fast umsonst, für fünf Euro – solche Hilfestellungen im kulturellen Bereich, oder bei der Infrastruktur, Verkehrswesen, wären schon eine Hilfe. Da macht die Bundesregierung zu wenig, gemessen an Belgien oder die Niederlande, bestimmte Vergünstigungen gibt es da mehr.

Herstellung und Verlag:
BoD – Books on Demand, Norderstedt
ISBN 978-3-7357-4344-2